ZDF

ZDF Fernsehgarten

# Delikatessen Manufaktur

Marmeladen, Chutneys & Co.

JEANETTE MARQUIS

blv

# Inhalt

KONFITÜRE

# Feines und Süßes live aus dem ZDF Fernsehgarten

»Bist du nervös?«, »Hast du keine Angst vor der Kamera?«, »Woher weißt du immer, was du sagen musst?« – Das sind die häufigsten Fragen, die ich von meinen Freunden höre, seit ich beim ZDF-Fernsehgarten die feinen und zumeist süßen Kreationen vorstelle. Durch meine Kurse, die ich zu verschiedenen Themen wie Senf- oder Marmeladenherstellung gebe, konnte ich schon einige Erfahrung sammeln, die mir nun bei den Live-Sendungen zugutekommt.

## Begeisterung und viel Erfahrung

Bei einer solchen Veranstaltung wurde ich auch »entdeckt« und 2013 zu einer Sendung eingeladen. Und ich muss sagen, es hat mir von Anfang an Riesenspaß gemacht, die Dinge, an denen auch mein Herz hängt, einem breiten und interessierten Publikum zu präsentieren. Geführt an der unsichtbaren Hand von Andrea »Kiwi« Kiewel vergesse ich die Umgebung und bin im Plausch über die jeweiligen Themen der Sendung. Die spontane Art der Moderatorin lässt immer genügend Spielraum für eine echte Unterhaltung.

Ein thematisches Grundgerüst ist selbstverständlich vorhanden, aber nie auswendig gelernt. Wichtig ist mir, dass alles nachvollziehbar ist und ohne Spezialausrüstung auskommt. Authentisch, ohne viel Schnickschnack und im Ergebnis manchmal auch überraschend – das sind die Themen, die ich gerne präsentiere.

## Erprobt und für gut befunden

Viele Produkte, die ich in meiner Manufaktur in Bad Kreuznach regelmäßig koche oder backe, finden sich auch hier im Buch wieder. Dabei achte ich vor allen Dingen auf gute Zutaten, die ohne Konservierungsstoffe und Aromen verarbeitet werden. So kommen Familie und Freunde in den Genuss selbst gemachter Marmeladen und Chutneys sowie kleiner Köstlichkeiten aus der Backstube.

Herzlichst Ihre

Jeanette Marquis

# Süß oder pikant

In diesem Buch wird stets von Marmelade die Rede sein, obwohl es korrekterweise Fruchtaufstrich heißen müsste. Aber im deutschen Sprachgebrauch findet sich einfach kein geeigneteres Wort für Obst, das mit Zucker zu einer streichfähigen Paste verkocht wird.

Am liebsten koche ich mit dem ganz normalen, weißen Haushaltszucker. Warum? Weil er die neutralste Süße mitbringt und den Früchten die Möglichkeit lässt, ihr Aroma voll zur Geltung zu bringen. Alternativen dazu gibt es einige, Rohzucker oder Muscovado, um hier nur zwei zu nennen. Ein Plus ist definitiv die konservierende Eigenschaft von Zucker. Aber auch zuckerfreie Süßungsmöglichkeiten wie zum Beispiel Stevia sind mittlerweile Trend beim Marmeladekochen.

Links Durch individuelle Beimischung von Pektin sind auch kleine Mengen möglich.

Um einen fruchtigen Geschmack zu erhalten, koche ich meine Marmeladen im Verhältnis 2 : 1, das heißt: zwei Teile Frucht, ein Teil Zucker. Als Gelierhilfe verwende ich Pektin 2 : 1, das speziell für die zuckerreduzierte Anwendung hergestellt wird. Das pulverförmige Pektin mische ich individuell zu den Früchten und dem Zucker. Das hat den Vorteil, dass ich die Konsistenz meiner Marmelade selbst bestimmen kann. Etwas flüssiger = weniger Pektin, etwas fester = mehr Pektin. Ein weiterer Vorteil ist, dass das Zucker-Pektin-Gemisch keine Konservierungsstoffe enthält. Handelsüblicher Gelierzucker 2 : 1 oder 3 : 1 ist mit Stoffen wie zum Beispiel Sorbinsäure versehen, da der reduzierte Zuckergehalt allein zum Konservieren nicht ausreicht. Erst ein Zuckergehalt von über 55 % garantiert eine einwandfreie Konservierung.

Bei Gelee oder Marmelade, bei der die Früchte nicht oder nur teilweise püriert werden sollen, muss das Pektin unbedingt vorher mit dem Zucker gemischt werden, sonst klumpt es beim Einrühren. Das Pektin grundsätzlich den kalten Früchten zufügen, dann erst aufkochen. Neben Pektin gibt es noch weitere Gelierhilfen: Agar-Agar, Johannisbrotkernmehl oder auch Gelatine sind Alternativen. Die Haltbarkeit der Marmeladen ist unter Umständen erheblich geringer und man sollte ein klein wenig Buch führen und seine Erfahrungen dokumentieren.

Pektin als Gelierhilfe benötigt eine Säure zum Reagieren. In Fertigmischungen ist daher immer Zitronensäure beigemischt. Ich verwende frischen Zitronensaft, je nach Frucht etwas mehr (zum Beispiel bei Erdbeeren oder Aprikosen) oder weniger (wie bei Sauerkirschen oder Johannisbeeren).

Faustregel für 6 Gläser Marmelade à ca. 200 g: 1 kg Frucht, fertig geputzt gewogen, 500 g Zucker, 10 g Pektin 2 : 1, mindestens 30 ml Zitronensaft (sortenabhängig). Um ein gleichmäßiges, fruchtiges Ergebnis zu erhalten, sollte die Kochmenge 2 kg nicht überschreiten. Bei größeren Mengen wird die Kochdauer zu lang und alles, was Sie in der Luft an Aroma riechen, fehlt später an Geschmack in der Marmelade!

Links Das sorgfältige Abschäumen der Marmelade erhöht die Haltbarkeit.

Rechts Immer eine selbst gemachte Köstlichkeit parat, hier der Schokoladensenf.

## Gründlichkeit und Hygiene sind das A und O

Das Einkochen mit wenig Zucker und individuell beigemischtem Pektin gelingt problemlos, wenn bei der Verarbeitung auf absolute Sauberkeit geachtet wird. Das heißt, die Gläser werden sauber gespült und bis zum Gebrauch für mindestens 10 Minuten bei 130 °C in den Ofen gestellt. Die Deckel, auf Unversehrtheit überprüft, werden bis zum Gebrauch in heißes Wasser gelegt. Empfehlenswert ist es, in neue Deckel zu investieren, weil sich manche Geschmacks- und Geruchsstoffe dauerhaft festsetzen. Alle Arbeitsmaterialien wie Trichter, Rührlöffel oder Schöpfkelle sollten selbstverständlich auch sauber sein. Bei einer Menge von 1 Kilogramm Frucht sollte der Topf ein Fassungsvermögen von ca. 5 Litern haben. Manche Früchte schäumen beim Kochen sehr stark, und wenn der heiße Schaum erst mal droht, über den Topfrand zu laufen, ist alles zu spät! Ein weiterer Rat, um das wertvoll eingekochte Gut vor dem Verderben zu retten, ist: den Schaum abschöpfen. Die im Schaum enthaltene Luft, Eiweißteilchen und andere Stoffe begünstigen den Verderb der Marmelade, wenn ohne Konservierung gearbeitet wird. Eine sorgfältig abgeschäumte Marmelade ist nämlich nicht nur optisch schöner, sondern außerdem auch länger haltbar. Den Marmeladenschaum kann man als Brotaufstrich verwenden, in Joghurt oder Quarkspeisen geben oder zum Bestreichen der Biskuitböden von Seite 90 verwenden.

## Marmelade – vom Topf ins Glas

Beim Kochen mit Pektin beginnt die Kochzeit an dem Punkt, an dem die Fruchtmasse heftig zu sprudeln beginnt. Ab dann sind es in der Regel 4 Minuten Kochdauer, in der die Temperatur etwas reduziert werden kann, aber der Kochvorgang ungehindert stattfinden soll. Währenddessen schon den ersten Schaum abschöpfen. Danach den Rest des Schaums abnehmen und zügig mit dem Abfüllen beginnen. Marmelade grundsätzlich während des Kochens immer umrühren. Einige Sorten wie Erdbeere, Aprikose, Himbeere, Pflaume haben die Tendenz zum Anbrennen. Andere Sorten kann man durchaus auch ohne Rühren fertigstellen, zum Beispiel Blutorange oder generell die Gelees.

Je heißer die Marmelade in die Gläser kommt und diese verschlossen werden, desto haltbarer. Die sogenannte Heißabfüllung funktioniert über den aufgesetzten Deckel. Der hat im Inneren einen eingearbeiteten Gummiring, der sich beim Abkühlen auf den Glasrand drückt und das Eindringen von Luft verhindert. Während des Abkühlens ziehen sich Luft und Wasserdampf zusammen und erzeugen den kleinen Unterdruck, der mit einem leichten Zischen beim Öffnen des Glases aufgehoben wird. Sichtbar wird dieser bei der Verwendung von Deckeln mit einem sogenannten Button, der beim Erkalten nach unten geht und beim Öffnen aufknackt. Dasselbe Prinzip gilt auch für Einmachgläser mit Gummiring.

Entgegen alter Meinungen drehe ich die Gläser während des Abkühlens nicht um. Das Vakuum entsteht so oder so, es muss lediglich der Glasrand sauber und frei von Marmeladenresten sein. Außerdem vermeidet man so, dass unerwünschte Stoffe aus dem Deckel in die Marmelade übergehen. Nur bei Marmeladen, wo sich zum Beispiel Blütenblätter gleichmäßig verteilen sollen, stelle ich das Glas zeitweise auf den Kopf und drehe es beim Abkühlen.

Die so abgefüllten Marmeladen und Chutneys sind in der Regel gut ein Jahr haltbar. Manche behalten ihre Farbe nicht bei, aber geschmacklich gibt es meist keine Beeinträchtigung. Lediglich die Zugabe von Nüssen oder Schokolade verringert die Haltbarkeit auf ca. 6 bis 9 Monate, da die Fette ranzig werden können. Idealer Standort ist ein geschlossener Schrank im kühlen Keller. Den Chutneys tut es gut, vor dem Verzehr ungefähr 3 Wochen zu ruhen, damit sich die Gewürzaromen optimal verteilen können.

## Senf und Pesto selbst gemacht

Die Senfherstellung ist denkbar einfach und lässt viel Spielraum für eigene Kreationen. Die hier vorgestellten Rezepte sollen einen kleinen Überblick über die Verarbeitungsweise und die schier grenzenlosen Möglichkeiten verschaffen. Wer keine Senfkörner bekommt, kann auch mit Senfmehl experimentieren oder sogar seinen fertigen Lieblingssenf mit Früchten oder Gewürzen aufpeppen. Hier lade ich Sie ein, Ihrer Kreativität freien Lauf zu lassen! Fertigen Sie kleine Mengen, im schlimmsten Fall schmeckt das Experiment nicht und wird entsorgt.

Wer einen eigenen Garten besitzt, kennt das: Wenn erst mal alles angefangen hat zu wachsen, ist auch meist alles im Überfluss reif. Eine gute Gelegenheit, mal ein Pesto zu machen, da auf diese Weise große Mengen der Kräuter auf einmal verarbeitet werden können. Auch Petersilie oder Rucola eignen sich für die leckere Paste, die nicht nur mit Spaghetti großartig schmeckt. Auch zu Frühkartoffeln oder zu einem krossen Ciabatta passt sie hervorragend.

## Von Hochprozentigem und aromatisiertem Zucker

Unentbehrlich ist der selbst gemachte Vanillezucker, sollte gemahlene Vanille nicht zu haben sein. Die in meinen Rezepten angegebene Vanille kann immer durch einen Esslöffel Vanillezucker ersetzt werden. Dafür ein Kilo Zucker in ein großes Bügelglas geben und mit 4–5 aufgeschlitzten Vanilleschoten spicken. Und wann immer eine Vanilleschote gebraucht wird, niemals wegwerfen, sondern unter Wasser säubern, trocknen lassen und in das Glas stecken. Von Zeit zu Zeit kann man die trockenen Schoten mit etwas Zucker im Mixer klein mahlen und die groben Stücke heraussieben. So sollte das Glas immer gefüllt sein mit herrlich duftendem echtem Vanillezucker.

Auch gut zum Bevorraten ist Orangen- oder Zitronenzucker. Dafür die Schale einer Orange oder Zitrone mit der Reibe abreiben und mit ca. 30 g Zucker gut vermischen. In ein Glas mit Schraubdeckel geben und im Kühlschrank aufbewahren. Hält sich unbegrenzt und ersetzt den frischen Abrieb zu 100 %. Immer, wenn ich den Saft von Bio-Zitronen oder -Orangen verwende, reibe ich zum Schluss die Schale in mein Vorratsglas und fülle mit Zucker auf.

Wer gerne Marmelade »mit Schuss« genießt, wartet den kompletten Koch- und Abschäumvorgang ab. Erst unmittelbar vor dem Abfüllen werden auf 1 kg Frucht 2–3 cl Alkohol nach Wahl zügig eingerührt. So bleibt vom Alkoholgehalt zumindest noch ein Teil übrig. Gut geeignet sind Rum, Whisky, Brandy oder Fruchtliköre.

## Nützliches Zubehör für erfolgreiches Selbermachen

Ein guter Topfschaber und Rührlöffel aus Edelstahl sind hilfreiche Arbeitsmittel. Ebenso ein Passiersieb (Flotte Lotte) mit unterschiedlichen Scheiben. Damit können beispielsweise Johannisbeeren oder Brombeeren nach dem Dünsten gut ausgedrückt werden. Die Fruchtpulpe kommt so zur Marmelade dazu und es gibt nicht so viel Abfall. Auch die Steine von Sauer-

**Oben** Mit der Flotten Lotte bleiben Kernchen und Schalenreste im Einsatz hängen.

kirschen bleiben in der groben Scheibe, Tomatenschalen und Kerne werden verlässlich aussortiert. Soll ein klares Gelee hergestellt werden, empfiehlt sich ein Durchschlag, der mit einem Mull- oder Passiertuch ausgelegt ist. Die gedünsteten Früchte tropfen ohne Druck über Nacht ab. Zurück bleibt oft noch viel Fruchtfleisch, das zum Beispiel zu einem Likör oder Fruchtleder verarbeitet werden kann. Ich verwende gerne einen Stabmixer. Entweder wird die gesamte Menge püriert oder nur ein Teil davon. Das kann ich immer wieder neu entscheiden und auf diese Weise ausprobieren, welche Konsistenz mir am besten schmeckt.

Hilfreich ist auch ein Melonenausstecher, mit dem die Kerngehäuse von halbierten Birnen oder Äpfeln gut entfernt werden können. Die so vorbereiteten Früchte eignen sich dann zum Füllen oder Einmachen und sehen hübsch aus. Sind die Schätze erst mal im Glas und abgekühlt, empfiehlt es sich, ein Etikett mit Sorte und Herstellungsdatum anzubringen. Spätestens nach der dritten Charge roter Marmelade verliert man den Überblick. Hübsch verpackt ist selbst gemachte Marmelade oder Chutney immer ein willkommenes Geschenk.

Für die Gewürzsäckchen, die in einigen Rezepten verwendet werden, eignen sich Teebeutel für losen Tee sehr gut. Mit einem Zwirn fest zubinden. Bei sehr groben Gewürzen einfach zwei Beutel ineinanderstecken und dann erst füllen, damit sie nicht reißen.

Links Rührlöffel, Topfschaber und eine gute Reibe sind empfehlenswerte Küchenhelfer.

Rechts Im Gewürzsäckchen findet alles Platz zur Entfaltung: Zitrusschalen, Gewürze & Co.

# Sommer im Glas

Wenn die Ernte aus dem eigenen Garten üppig ausfällt und Früchte sowie Gemüse gleichzeitig reif werden, ist Eile geboten. Dann beginnt die Zeit des Einkochens: neue Rezepte werden ausprobiert und Altbewährtes gekocht. Welche Farbe, welche Kraft bringen die Früchte dieses Jahr mit und wie kann ich meine Gartenschätze möglichst lange Zeit genießen?

# Blutorangenmarmelade

## Zutaten

**für 6 Gläser à 200 ml**

1,5 kg Blutorangen (oder alternativ 750 ml Direktsaft aus dem Kühlregal) ▮ 500 g Zucker ▮ 9 g Pektin 2 : 1 ▮ 40 ml Zitronensaft ▮ 1/4 TL gemahlene Vanille
*Für das Gewürzsäckchen:* 5 schwarze Pfefferkörner ▮ 3 Kardamomkapseln ▮ 1 Zimtstange ▮ 3 Scheiben frischer Ingwer ▮ 2 Sternanis

**Außerdem:**
1 Teebeutel ▮ Bindfaden

1 Für das Gewürzsäckchen Pfefferkörner und Kardamomkapseln im Mörser grob zerstoßen und mit Zimt, Ingwer und Sternanis in einen Teebeutel geben, gut zubinden. Alternativ die Gewürze in ein Tee-Ei geben.

2 Die Blutorangen auspressen und 750 ml Saft mit Fruchtfleisch abmessen. Die weißen Teile und Kerne sorgfältig entfernen, sie schmecken bitter.

3 Zucker mit Pektin mischen und mit dem Orangen- und Zitronensaft sowie der Vanille in einen großen, mindestens 5 l fassenden Topf geben. Zum Kochen bringen, dabei rühren, bis sich der Zucker gelöst hat, und ca. 4 Minuten sprudelnd kochen lassen. Den dabei entstehenden Schaum mit einer Schaumkelle immer wieder abschöpfen, bis die Flüssigkeit klar ist. Das Gewürzsäckchen herausnehmen und gut über dem Topf ausdrücken, umrühren. Die Marmelade in die vorbereiteten Gläser (siehe Seite 10) füllen, sofort verschließen.

ZDF Fernsehgarten

**TIPP** Die Schale von einer Bio-Orange mit einem Sparschäler schälen, in feine Streifen schneiden und in der letzten Kochminute mit dazugeben.

# Erdbeermarmelade

## Zutaten

**für 6 Gläser à 200 ml**

1,3 kg reife Erdbeeren (oder 1 kg aufgetaute TK-Erdbeeren) ▮ 500 g Zucker ▮ 10 g Pektin 2 : 1 ▮ 80 ml Zitronensaft ▮ etwas Abrieb von 1 Bio-Orange ▮ 1/4 TL gemahlene Vanille

1 Die Erdbeeren kurz waschen und den Stielansatz entfernen. 1 kg fertig geputzte Erdbeeren abwiegen und mit Zucker, Pektin und Zitronensaft in einem großen, mindestens 5 l fassenden Topf vermischen. Mit dem Stabmixer bis zur gewünschten Konsistenz pürieren.

2 Die Marmelade unter Rühren zum Kochen bringen und sprudelnd ca. 4 Minuten kochen lassen. Mit einer Schaumkelle den Schaum immer wieder abschöpfen, bis die Marmelade klar ist. Zum Schluss den Orangenabrieb und die Vanille dazugeben, gut umrühren. In die vorbereiteten Gläser (siehe Seite 10) füllen, sofort verschließen.

Fernseh garten

**TIPPS** Verbrauchen Sie die Marmelade innerhalb von 6 bis 9 Monaten. Je nach Erdbeersorte verblasst die Farbe recht schnell und das Aroma lässt nach.

Darf es mit mehr Orange sein? Versuchen Sie auch mal die Variante mit 900 g Erdbeeren, 100 g Orangenfilets, 500 g Zucker, 10 g Pektin und 80 ml Zitronensaft. Die klein geschnittenen Orangenfilets erst nach dem Pürieren der Erdbeeren dazugeben, sodass kleine Stückchen erhalten bleiben.

# Aprikosenmarmelade

## Zutaten

**für 6 Gläser à 200 ml**

1,2 kg frische, reife Aprikosen ▮ 500 g Zucker ▮ 10 g Pektin 2 : 1 ▮ 100 ml Zitronensaft ▮ etwas Orangenabrieb

1 Die Aprikosen waschen, entsteinen und grob würfeln. 1 kg Frucht abwiegen. 200 g Zucker und das Pektin darübergeben, etwa 2 Stunden Saft ziehen lassen.

2 Den restlichen Zucker in einem großen, mindestens 5 l fassenden Topf leicht karamellisieren. Nicht zu dunkel werden lassen, da er sonst bitter wird. Die Aprikosen mit dem Zitronensaft und dem Orangenabrieb dazugeben und gut umrühren, bis sich der Karamellzucker wieder gelöst hat. Mit dem Stabmixer bis zur gewünschten Konsistenz pürieren.

3 Die Mischung unter Rühren aufkochen und ca. 4 Minuten sprudelnd kochen lassen. Stetig umrühren, da die Marmelade leicht anbrennt! Die Kochtemperatur etwas reduzieren und den entstehenden Schaum mit einer Schaumkelle immer wieder abschöpfen, bis die Fruchtmasse klar ist. Die Marmelade in die vorbereiteten Gläser (siehe Seite 10) füllen, sofort verschließen. Die Marmelade ist ohne Farb- und Geschmacksverlust etwa 9 Monate haltbar.

# Himbeer-Zitronen-Marmelade

## Zutaten

**für 6 Gläser à 200 ml**

900 g frische, verlesene Himbeeren oder aufgetaute TK-Himbeeren ▮ 500 g Zucker ▮ 8–9 g Pektin 2 : 1 ▮ 100 g Zitronenfilets (Kerne sorgfältig entfernt)

1 Die Himbeeren in einen großen Topf geben und mit Zucker und Pektin mischen. Zum Kochen bringen, dabei so lange rühren, bis sich der Zucker gelöst hat. Mit dem Stabmixer zerkleinern, bis die gewünschte Konsistenz erreicht ist.

2 Die Zitronenfilets dazugeben. Die Marmelade 4 Minuten sprudelnd kochen lassen, dabei immer wieder rühren. Zum Schluss den entstandenen Schaum abschöpfen und die Marmelade zügig in die vorbereiteten Gläser (siehe Seite 10) füllen. Sofort verschließen.

**TIPPS** Diese herb-süße Marmelade schmeckt am besten ganz frisch – also nicht zu lange aufbewahren.

Für einen noch kräftigeren Geschmack von der Bio-Zitrone die Schale abreiben und mit dazugeben.

# Quitten-Orangen-Marmelade

## Zutaten

**für 6 Gläser à 200 ml**

500 g Zucker ▮ 9 g Pektin 2 : 1 ▮ 500 ml Quittensaft ▮ 300 ml frisch gepresster Orangensaft mit Fruchtfleisch ▮ 40 ml Zitronensaft ▮ ¼ TL gemahlene Vanille

Den Zucker mit dem Pektin in einer Schüssel gut vermischen. Quitten-, Orangen- und Zitronensaft in einen großen Topf geben, die Zuckermischung unter ständigem Rühren einrieseln lassen, damit sich keine Klümpchen bilden. Die Flüssigkeit zum Kochen bringen und ca. 4 Minuten sprudelnd kochen lassen, dabei den Schaum abnehmen. Am Ende die Vanille einstreuen, gut umrühren. Die Marmelade zügig in die vorbereiteten Gläser (siehe Seite 10) abfüllen, verschließen. Schmeckt frisch am besten!

ZDF Fernsehgarten

**TIPP** Für **selbst gemachten Quittensaft** benötigen Sie etwa 1 kg Quitten, eine halbe Bio-Zitrone und Gewürze wie Zimtstange, Sternanis, Vanilleschote, Nelke, Kardamom … nach Geschmack eben. Die Quitten sorgfältig vom Flaum befreien, nicht waschen, sondern mit einem Küchentuch abreiben. In grobe Stücke zerteilen, Schale und Kerngehäuse unbedingt belassen, es steckt viel Aroma darin. Die Stücke mit der ausgepressten Zitrone und dem Saft sowie den Gewürzen zusammen in einen Topf geben und mit Wasser gerade so bedecken. Deckel drauf und auf dem Herd oder im Ofen ungefähr 1 Stunde lang köcheln, bis die Quittenstücke weich sind. Genießen Sie den unbeschreiblichen Duft! Für einen ganz klaren Saft in einen mit einem Mulltuch ausgelegten Durchschlag geben und über Nacht abtropfen lassen. Wenn etwas Fruchtpulpe dabei sein darf, kann das Mulltuch auch kräftig ausgedrückt werden.

# Saures Trio

## Zutaten

**für 6 Gläser à 200 ml**

450 g Johannisbeermark (selbst gemacht aus ca. 800 g roten Johannisbeeren, alternativ ein fertiges Produkt) ▮ 300 g verlesene Himbeeren ▮ 200 g entsteinte Sauerkirschen ▮ 500 g Zucker ▮ 9 g Pektin 2 : 1 ▮ 40 ml Zitronensaft ▮ ¼ TL gemahlene Vanille

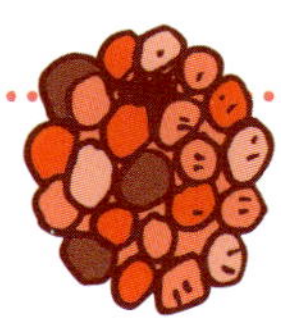

1 Für das Johannisbeermark die Beeren grob verlesen, 800 g abwiegen und waschen. Tropfnass in einen Topf geben und aufkochen, bis die Schalen geplatzt sind. Alles durch eine Flotte Lotte mit feinem Passiereinsatz drehen und 450 g Fruchtmasse abmessen.

2 Für die Marmelade alle Zutaten in einem großen, mindestens 5 l fassenden Topf vermischen und mit dem Stabmixer zerkleinern, bis die gewünschte Konsistenz erreicht ist. Dabei vorsichtig arbeiten, damit eventuell noch vorhandene Kirschkerne nicht zerschlagen werden und herausgenommen werden können.

3 Die Marmelade zum Kochen bringen und ca. 4 Minuten sprudelnd kochen lassen, dabei mehrmals umrühren. Den beim Kochen gegebenenfalls entstehenden Schaum mit einer Schaumkelle abschöpfen, bis die Marmelade klar ist. In die vorbereiteten Gläser (siehe Seite 10) füllen, sofort verschließen.

Fernsehgarten

**TIPP** Die Marmelade ist ungeöffnet problemlos ein Jahr haltbar.

# Goldenes Trio

## Zutaten

**für 6 Gläser à 200 ml**

ca. 400 g Weiße Johannisbeeren ▮
500 g Aprikosen ▮ 200 ml Orangensaft
(bevorzugt frisch gepresst oder Direktsaft) ▮
500 g Zucker ▮ 10 g Pektin 2 : 1 ▮
40 ml Zitronensaft

1 Die Johannisbeeren waschen und mithilfe einer Gabel von den Rispen streifen, 300 g abwiegen. Die Aprikosen waschen, trocknen, entsteinen und grob zerkleinern.

2 Alle Zutaten bis auf die weißen Johannisbeeren in einen Topf geben und zum Kochen bringen. Mit einem Stabmixer gut zerkleinern. Sobald die Marmelade sprudelnd kocht, beginnt die Kochzeit von ca. 4 Minuten. Schaum, der sich an der Oberfläche absetzt, mit einer Schaumkelle abschöpfen. Nach 2 Minuten die Johannisbeeren dazugeben. In die vorbereiteten Gläser (siehe Seite 10) abfüllen und sofort verschließen.

Fernseh ZDF garten

**TIPP** Die Johannisbeeren in der Marmelade nach Belieben kurz pürieren – ich mag es aber, wenn die Johannisbeeren ganz bleiben!

# Grüne-Zebra-Marmelade mit Orange

## Zutaten

**für 6 Gläser à 200 ml**

1 kg Grüne-Zebra-Tomaten (Tomatensorte, die in reifem Zustand grün bleibt) ▮ 500 g Zucker ▮ 10 g Pektin 2 : 1 ▮ 40 ml Zitronensaft ▮ 2–3 Kardamomkapseln ▮ Filets und Saft von 1–2 Bio-Orangen

1 Die Tomaten kreuzförmig einritzen, überbrühen und die Schale abziehen. Den harten Strunk entfernen. Das Fruchtfleisch grob zerkleinern und abwiegen, Gewicht notieren. Mit Zucker, Pektin und Zitronensaft in einen Topf geben.

2 Die Kardamomkapseln aufbrechen und die Samen auslösen. Im Mörser fein zerkleinern und zu den Tomaten geben. Alles so lange erwärmen, bis sich der Zucker gelöst hat, währenddessen immer wieder umrühren. Dann bis zur gewünschten Konsistenz pürieren.

3 Die Differenz zwischen abgewogener Tomatenmasse und 1 kg benötigter Fruchtmasse insgesamt mit Orangenfilets und -saft auffüllen. Wer einen kräftigen Orangengeschmack mag, kann noch ein wenig Orangenschale abschälen und fein geschnitten dazugeben.

4 Sprudelnd ca. 4 Minuten sprudelnd kochen lassen, dabei mehrmals umrühren und immer wieder abschäumen. Die klare Marmelade in die vorbereiteten Gläser (siehe Seite 10) füllen und gut verschließen.

ZDF Fernsehgarten

**TIPP** Nicht nur als morgendlicher Brotaufstrich eine Wucht, sondern auch zu Käse!

# Birnenmarmelade mit Safran

## Zutaten

**für 6 Gläser à 200 ml**

1,2 kg reife Williamsbirnen ▮ 100 ml Zitronensaft ▮ 500 g Zucker ▮ 10 g Pektin 2 : 1 ▮ ½ g Safranpulver (für die Farbe; alternativ Kurkumapulver) ▮ 2 Kardamomkapseln ▮ 1 Zimtstange

**Außerdem:**
1 Teebeutel ▮ Bindfaden

1 Die Birnen schälen, vom Kerngehäuse befreien und in kleine Würfel schneiden. Mit dem Zitronensaft übergießen und mit 300 g Zucker vermischen, über Nacht Saft ziehen lassen.

2 Das Pektin und das Safranpulver mit dem restlichen Zucker vermischen. Die Kardamomkapseln im Mörser zerstoßen und mit der Zimtstange in einen Teebeutel geben, gut zubinden.

3 Alle Zutaten in einen großen Topf geben, die Mischung aufkochen. Wenn sich der Zucker gelöst hat, zwei Drittel der Masse mithilfe eines Stabmixers pürieren, den Teebeutel dabei am Rand festhalten! Die Marmelade ca. 4 Minuten sprudelnd kochen lassen, immer wieder den Schaum abschöpfen. Das Gewürzsäckchen herausnehmen, ausdrücken. Die Marmelade in die vorbereiteten Gläser (siehe Seite 10) gießen und diese gleich verschließen.

ZDF Fernsehgarten

**TIPP** Süß-zarter Brotaufstrich. Probieren Sie die Marmelade unbedingt auch mal zu Frischkäse oder zu einem getrockneten Schinken.

# Sauerkirschmarmelade mit Walnuss und Lavendel

## Zutaten

**für 6 Gläser à 200 ml**

100 g grob gehackte Walnusskerne ▮ 900 g geputzte und entsteinte Sauerkirschen ▮ 450 g Zucker ▮ 9 g Pektin 2 : 1 ▮ 40 ml Zitronensaft ▮ Mark von 1 Vanilleschote ▮ ½ TL Bio-Orangenabrieb ▮ 2 frische Lavendelblüten

1 Die gehackten Walnusskerne in einer beschichteten Pfanne ohne Fett leicht anrösten, dabei nicht dunkel werden lassen. Der Röstvorgang ist abgeschlossen, wenn die Nüsse zu duften beginnen.

2 Die Sauerkirschen mit Zucker, Pektin und Zitronensaft in einen mindestens 5 l fassenden Topf geben. Leicht mit einem Stabmixer pürieren, sie dürfen noch etwas stückig sein.

3 Alles unter Rühren zum Kochen bringen. 4 Minuten sprudelnd kochen lassen, dabei mehrmals umrühren und abschäumen. In der letzten Kochminute die restlichen Zutaten unterrühren. Sofort in die vorbereiteten Gläser (siehe Seite 10) abfüllen und verschließen.

**TIPP** Die Lavendelblüten sorgsam dosieren. Zu viel davon kann die Marmelade zu blumig schmecken lassen.

# Erdbeer-Macchiato-Marmelade

## Zutaten

**für 6 Gläser à 200 ml**

50 g Zartbitterschokolade ▮ 10 g lösliches Espressopulver ▮ 1 kg geputzte und grob zerkleinerte Erdbeeren ▮ 400 g Zucker ▮ 11 g Pektin 2 : 1 ▮ 70 ml Zitronensaft

1 Die Schokolade grob hacken. Das Espressopulver mit ganz wenig Wasser anrühren. Beides beiseitestellen.

2 Die Erdbeeren mit Zucker, Pektin und Zitronensaft vermischen, erwärmen und mit einem Stabmixer pürieren.

3 Schokolade und Espresso hinzufügen, die Marmelade aufkochen und unter Rühren 4 Minuten sprudelnd kochen lassen. Den Schaum abnehmen und die Marmelade in die vorbereiteten Gläser (siehe Seite 10) abfüllen.

**TIPPS** Das Ganze funktioniert auch mit Espresso-Konfekt, das einen flüssigen Kern hat. Einfach sechs Pralinen in der Marmelade auflösen und wie gewohnt zubereiten und abfüllen.

Die Marmelade ist ein halbes Jahr haltbar. Sie verliert bei längerer Standzeit an Aroma und nimmt unter Umständen eine graue Farbe an.

# Sauerkirschmarmelade mit Nougat

## Zutaten

**für 7 Gläser à 200 ml**

200 g Nougat ▮ 1 kg geputzte und entsteinte Sauerkirschen ▮ 500 g Zucker ▮ 8 g Pektin 2 : 1 ▮ 50 ml Zitronensaft ▮ ¼ TL gemahlene Vanille

1 Den Nougat in 7 gleich große Teile schneiden und jedes Stück zu einer etwas länglicheren Rolle formen (je nach Glashöhe).

2 Die Sauerkirschen mit den restlichen Zutaten in einem Topf erhitzen. Mit einem Stabmixer ein wenig zerkleinern. Dabei auf eventuell noch vorhandene Kerne achten und diese entfernen.

3 Die Marmelade ca. 4 Minuten sprudelnd kochen, dabei immer wieder umrühren und den entstehenden Schaum mit einer Schaumkelle abschäumen.

4 Die Marmelade bis zwei Fingerbreit unter dem Rand in die vorbereiteten Gläser (siehe Seite 10) abfüllen. Pro Glas eine Nougatstange in die Mitte geben. Eventuell noch bis zum Rand mit Marmelade auffüllen und dann gleich verschließen.

WECK

# Apfelmarmelade mit Marzipan

## Zutaten

**für 6 Gläser à 200 ml**

900 g fein gewürfelte Äpfel ▮ 400 g Zucker ▮ 8 g Pektin 2 : 1 ▮ 50 ml Zitronensaft ▮ 100 g grob geriebenes Marzipan

1 Die gewürfelten Äpfel mit 300 g Zucker in einen Topf geben und über Nacht zugedeckt ziehen lassen.

2 Den restlichen Zucker und das Pektin vermischen, mit dem Zitronensaft zu den Äpfeln geben. Alles gut verrühren und nur grob pürieren.

3 Das geriebene Marzipan hinzufügen und das Gemisch aufkochen lassen. Etwa 4 Minuten sprudelnd kochen lassen, dabei abschäumen und stetig gut umrühren, die Marmelade brennt leicht an. In die vorbereiteten Gläser (siehe Seite 10) füllen und sofort verschließen.

Fernseh garten

**TIPPS** Für eine De-Luxe-Version noch ein paar Mandelblättchen rösten und am Schluss unter die Marmelade heben.

Die Apfelmarmelade passt gut als Topping über Vanilleeis oder Pudding.

# Ananas-Bananen-Marmelade mit Chili

## Zutaten

**für 6 Gläser à 200 ml**

700 g klein geschnittene Ananas ▮ 300 g klein geschnittene Banane ▮ 500 g Zucker ▮ 10 g Pektin 2 : 1 ▮ 50 ml Zitronensaft ▮ 2–3 Chilischoten

1 Ananas und Banane mit Zitronensaft, Zucker und Pektin in einen großen Topf geben. Das Gemisch zum Kochen bringen und dabei bis zur gewünschten Konsistenz pürieren.

2 Die Chilischoten von Kernen und weißen Häutchen befreien und in ganz feine Streifen schneiden, dabei am besten mit Einmalhandschuhen arbeiten. Die Marmelade ca. 4 Minuten sprudelnd kochen lassen und dabei immer wieder den Schaum abschöpfen, in der letzten Kochminute die Chilis dazugeben. Die Marmelade in die vorbereiteten Gläser (siehe Seite 10) füllen und verschließen.

ZDF Fernsehgarten

**TIPP** Die Marmelade ist ein toller Begleiter zu Hähnchencurry mit Reis! Dazu eine Hähnchenbrust in Streifen schneiden, mit einer grob gehackten Zwiebel scharf anbraten. Mit etwas Weißwein und Sahne ablöschen und 2 EL der Marmelade einrühren. Einen gestrichenen EL Currypulver dazugeben und mit Salz und Pfeffer abschmecken.

# Ananas-Mango-Marmelade mit Kokos

## Zutaten

**für 6 Gläser à 200 ml**

50 g Kokosraspel ▮ 700 g gewürfelte Ananas ▮ 300 g gewürfelte Mango ▮ 500 g Zucker ▮ 8 g Pektin 2 : 1 ▮ 50 ml Zitronensaft

1 Die Kokosraspel in einer beschichteten Pfanne ohne Fett anrösten.

2 Ananas und Mango mit Zucker, Pektin und Zitronensaft in einem großen Topf verrühren, erhitzen und pürieren. Sobald die Marmelade aufgekocht ist, ca. 4 Minuten sprudelnd kochen lassen. Schaum, der sich eventuell bildet, abschöpfen. Ganz zum Schluss die gerösteten Kokosraspel einrühren.

3 In die vorbereiteten Gläser (siehe Seite 10) füllen und gleich verschließen. Die Marmelade ist nur ca. 3 Monate ohne Farbverlust haltbar. Auch verringert das in der Kokosnuss enthaltene Fett die Haltbarkeit. Daher nur geringe Mengen kochen und nicht auf Vorrat produzieren.

# Tomatenmarmelade

## Zutaten

**für ca. 12 Gläser à 100 ml**

1,2 kg Tomaten ▮ 700 g brauner Kandiszucker ▮ 8 g Pektin 2 : 1 ▮ 30 ml Zitronensaft ▮ 1 Vanilleschote ▮ 1 Zimtstange

1 Die Tomaten kreuzförmig einritzen und überbrühen. Die Haut abziehen und den grünen Strunk herausschneiden. 1 kg abwiegen und grob zerkleinern.

2 Alle Zutaten bis auf die Gewürze in einen Topf geben und unter Rühren aufkochen. Wenn sich der Kandiszucker vollständig gelöst hat, die Tomaten nach Wunsch pürieren.

3 Die Vanilleschote aufschlitzen, das Mark herauskratzen und mit der Zimtstange zu den Tomaten geben. Die Marmelade aufkochen und unter mehrmaligem Rühren ca. 4 Minuten sprudelnd kochen. Schaum, der sich beim Kochen bildet, mit einer Schaumkelle abnehmen. Die Marmelade in die vorbereiteten Gläser (siehe Seite 10) füllen und sofort verschließen.

ZDF Fernsehgarten

**TIPPS** Die Tomatenmarmelade passt hervorragend zu gegrilltem Rindfleisch und zu Fetakäse oder schmeckt auch sehr gut auf einem gerösteten, mit Knoblauch eingeriebenen Baguette.

Wer ein bisschen mehr Schärfe mag, kann am Ende der Kochzeit eine in feine Ringe geschnittene Chilischote untermischen.

# Himbeergelee

## Zutaten

**für 5–6 Gläser à 200 ml**

1,5 kg Himbeeren (bzw. 750 ml Himbeersaft) ▮ 500 g Zucker ▮ 9 g Pektin 2 : 1 ▮ 50 ml Zitronensaft ▮ Zesten von 1 Bio-Orange ▮ ¼ TL gemahlene Vanille

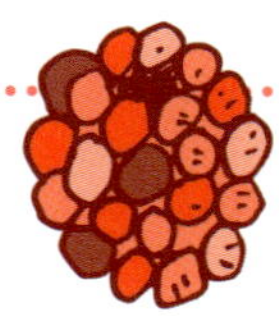

1 Die Himbeeren in einen Dampfentsafter geben und daraus Saft herstellen, 750 ml abmessen.

2 Den Zucker mit dem Pektin gut vermischen. Himbeer- und Zitronensaft in einen großen Topf geben, das Pektin-Zucker-Gemisch langsam einrühren. Aufkochen und ca. 4 Minuten sprudelnd kochen lassen. Den Schaum dabei abschöpfen. Zur letzten Kochminute die Orangenzesten und die Vanille dazugeben. Das Gelee zügig in die vorbereiteten Gläser (siehe Seite 10) füllen und verschließen.

ZDF Fernsehgarten

**TIPP** Wer überhaupt keine Stückchen im Gelee haben möchte, schält die Orangenschale mit einem Sparschäler in dicken Streifen ab und holt diese vor dem Abfüllen wieder aus dem Gelee heraus.

# Rhabarberhonig

## Zutaten

**für 4 Gläser à 250 ml**

1 kg junger Rhabarber ▮ 850 g brauner Rohrohrzucker ▮ Saft und Schale von einer ½ Bio-Orange ▮ 1 Vanilleschote

1 Den Rhabarber putzen, waschen und schälen. In 1 cm breite Stückchen schneiden. Den Rhabarber in einen weiten Topf geben und mit dem Zucker über Nacht Saft ziehen lassen.

2 Orangenabrieb und -saft sowie die Vanilleschote dazugeben und alles zum Kochen bringen und ca. 20 Minuten bei mittlerer Temperatur köcheln. Unter ständigem Rühren die Flüssigkeit verdunsten lassen, bis der Rhabarber verkocht ist und sich die Masse wie dickflüssiger Honig rühren lässt. Die Vanilleschote herausnehmen und auskratzen, das Mark unterrühren. Die Masse in saubere Gläser (siehe Seite 10) füllen und sofort verschließen.

Fernseh garten ZDF

**TIPP** Die Vanilleschote nach dem Kochen abwaschen, trocknen und in ein Glas mit Zucker geben (siehe auch Seite 12).

# Apfelgelee mit Sternanis und Zimt

## Zutaten

**für 6 Gläser à 200 ml**

6 Zimtstangen ▮ 6 Sternanis ▮
500 g Zucker ▮ 8–9 g Pektin 2 : 1 ▮
750 ml Apfelsaft ▮ 50 ml Zitronensaft ▮
¼ TL gemahlene Vanille

1 In jedes Glas eine Zimtstange und einen Sternanis legen. Zucker und Pektin in eine Schüssel geben und gut vermischen. Den Apfelsaft mit dem Zitronensaft in einen Topf geben und das Zuckergemisch unter Rühren einrieseln lassen. Die Flüssigkeit zum Kochen bringen. Sobald sie aufgekocht ist, ca. 4 Minuten sprudelnd kochen lassen. Den weißen Schaum abschöpfen und zum Schluss die Vanille einrieseln lassen.

2 Das geklärte Gelee in die vorbereiteten Gläser (siehe Seite 10) füllen, gut verschließen. Während des Erkaltens die Gläser immer wieder drehen, dann »schwebt« der Sternanis optisch hübsch im Gelee. Dem Apfelgelee vor dem Verzehr 2–3 Wochen Zeit geben, damit sich die Aromen von Zimt und Sternanis gut verteilen können. Dann bald genießen, da sonst die Gewürze das Apfelaroma komplett überdecken!

Fernseh garten

**TIPP** Ein hübsches Mitbringsel in der Adventszeit.

# Gelee aus Schwarzen Johannisbeeren

## Zutaten

**für 6–7 Gläser à 200 ml**

1,8 kg Schwarze Johannisbeeren (bzw. 1 l Schwarze-Johannisbeer-Saft) ▮ 500 g Zucker ▮ 10 g Pektin 2 : 1 ▮ 50 ml Zitronensaft ▮ ¼ Bio-Orange mit Schale ▮ 1 Lorbeerblatt

1 Die Schwarzen Johannisbeeren in einen Dampfentsafter geben und daraus Saft herstellen, 1 l abmessen.

2 Den Zucker und das Pektin gut vermischen. Johannisbeer- und Zitronensaft in einen Topf gießen und mit dem Zuckergemisch verrühren. Sorgfältig arbeiten, damit sich keine Klümpchen bilden. Mit dem Orangenstück und dem Lorbeerblatt aufkochen und ca. 4 Minuten sprudelnd kochen lassen. Sich bildenden Schaum dabei mit einer Schaumkelle abschöpfen.

3 Das Orangenstück und das Lorbeerblatt wieder entfernen. Das Gelee in die vorbereiteten Gläser (siehe Seite 10) abfüllen. Verschließen – und der Versuchung widerstehen, alles auf einmal aufzuessen!

Fernsehgarten ZDF

**TIPP** Dieses herbe Gelee verfeinert auch Saucen und kann zu einer Käseauswahl oder getrocknetem Schinken gereicht werden.

# Roségelee mit Rosenblüten

## Zutaten

**für 6 Gläser à 200 ml**

400 g Zucker ▮ 10 g Pektin 2 : 1 ▮ 500 ml Roséwein halbtrocken ▮ 250 ml Rosenblütensirup ▮ 50 ml Zitronensaft ▮ ca. 20 g stark duftende Rosenblütenblätter, in Streifen geschnitten (von der Damaszener-Rose) oder alternativ 3 gehäufte TL getrocknete Rosenblütenblätter (in Lebensmittelqualität aus der Apotheke)

Zucker und Pektin vermischen. Roséwein, Rosenblütensirup und Zitronensaft in einen Topf geben. Die Zuckermischung einrieseln lassen, gut umrühren und alles zum Kochen bringen. Den Schaum abschöpfen. Nach 3 Minuten Kochzeit die Rosenblütenblätter dazugeben, kurz umrühren und die Marmelade in die vorbereiteten Gläser (siehe Seite 10) abfüllen. Darauf achten, dass die Rosenblätter auf alle Gläser verteilt werden. Die Gläser während des Erkaltens immer wieder drehen, damit sich die Blätter gut verteilen.

Fernseh garten

**TIPPS** Das Gelee lässt sich gut zum Süßen von Obstsalat verwenden!

Für **selbst gemachten Rosenblütensirup** 1 kg Zucker mit 1 l Wasser und dem Saft einer Zitrone aufkochen, bis der Sirup klar wird. In ein ca. 3 l fassendes Bügelglas füllen, komplett auskühlen lassen. Von ca. 10 stark duftenden Rosen vorsichtig die Blütenblätter abzupfen und in den erkalteten Sirup legen. Umrühren, sodass alle Blätter bedeckt sind. Das Glas nun an einem sonnigen Platz für mindestens 3 Tage stehen lassen, sodass der Blütenduft Zeit hat, in den Sirup überzugehen. Dann alles durch ein Mulltuch abseihen und in Portionsflaschen umfüllen. Zum baldigen Verbrauch im Kühlschrank lagern, ansonsten unbedingt einkochen.

# Rieslinggelee mit Trauben

## Zutaten

**für 6 Gläser à 200 ml**

200 g kleine, kernlose Trauben, gewaschen und halbiert ▮ 600 g Zucker ▮ 12 g Pektin 2 : 1 ▮ 500 ml Riesling trocken ▮ 250 ml weißer Traubensaft ▮ 50 ml Zitronensaft ▮ 1/4 Bio-Orange mit Schale

1 Die Trauben mit 100 g Zucker bedecken und 2–3 Stunden Saft ziehen lassen.

2 Den restlichen Zucker und das Pektin gründlich vermischen. Den Riesling zusammen mit Trauben- und Zitronensaft in einen Topf geben. Die Zuckermischung unter Rühren einrieseln lassen und alles aufkochen. Sobald die Mischung zu kochen beginnt, die Trauben und das Orangenviertel dazugeben. Schaum, der beim Kochen entsteht, mit einer Schaumkelle abschöpfen. Vor dem Abfüllen das Orangenstück wieder herausnehmen.

3 Die Trauben gleichmäßig auf die vorbereiteten Gläser (siehe Seite 10) verteilen und die Gläser mit Gelee auffüllen. Sofort verschließen. Die Gläser während des Abkühlens immer wieder drehen, damit nicht alle Trauben an der Oberfläche schwimmen.

ZDF Fernsehgarten

**TIPPS** Herb-süßes Gelee, das keinen Alkohol mehr enthält. Unbedingt auch mal zu Käse probieren!

Traubensaft geliert mitunter schlecht. Es ist ratsam, hier eine Gelierprobe zu machen. Falls das Ergebnis zu flüssig ausfällt, noch 3 g Pektin in 50 g Zucker mischen und damit nochmals aufkochen lassen.

# Herzhafte Köstlichkeiten

Üppig wachsende Obst- und Gemüsepflanzen, die Regale sind schon voll mit Marmelade und die Ernte ist noch nicht zu Ende? Mit diesen Rezepten haben Sie kein Problem, Ihre Gartenschätze zu veredeln. Pestos und Chutneys verbrauchen viel an Material und so sind die liebevoll gehegten Früchte und Kräuter im Glas gesichert.

# Rhabarberchutney mit Feigen

## Zutaten

**für 5–6 Gläser à 200 ml**

1,2 kg Rhabarber (oder 1 kg TK-Ware in Stücken) ▮ 250 g Zwiebeln ▮ 100 g getrocknete Feigen (keine Soft-Früchte!) ▮ 60 g Rosinen ▮ Saft und abgeriebene Schale von 1 Bio-Orange ▮ 350 g brauner Rohrohrzucker ▮ 250 ml Weißweinessig ▮ 200 ml weißer Balsamicoessig
*Für das Gewürzsäckchen:* 1 EL schwarze Pfefferkörner ▮ 1 EL Senfkörner ▮ 5 Gewürznelken ▮ 5 Kardamomkapseln

**Außerdem:**
1 Teebeutel ▮ Bindfaden

1 Für das Gewürzsäckchen alle Gewürze im Mörser anstoßen und in einen Teebeutel füllen. Diesen mit einem Bindfaden gut verschließen.

2 Den Rhabarber abziehen und klein schneiden bzw. TK-Ware auftauen. Die Zwiebeln schälen und würfeln. Die Feigen in nicht zu große Stücke schneiden.

3 Rhabarber, Zwiebeln und Feigen sowie die übrigen Zutaten zusammen mit dem Gewürzsäckchen in einem Topf aufkochen. Immer wieder umrühren und die Temperatur regulieren, bis sich keine Flüssigkeit mehr an der Oberfläche absetzt.

4 Das Gewürzsäckchen über dem Topf auspressen, nochmals umrühren und das Chutney auf saubere Gläser verteilen. Gleich verschließen und 2–3 Wochen reifen lassen.

Fernsehgarten ZDF

**TIPP** Das Chutney schmeckt gut zu gegrilltem Steak oder luftgetrocknetem Schinken. Auch lecker zur Käseplatte oder als Füllung für gedünstete Birnen.

# Johannisbeerchutney

## Zutaten

**für 4 Gläser à 250 ml**

1 Zwiebel ▮ 200 g geschälter und entkernter Apfel ▮ 1 kleines Stück Ingwer ▮ 500 g rote Johannisbeeren ohne Rispen ▮ 200 g schwarze Johannisbeeren ohne Rispen ▮ 150 g Zucker ▮ 200 ml Weißweinessig ▮ etwas Orangenabrieb ▮ 1 Zimtstange

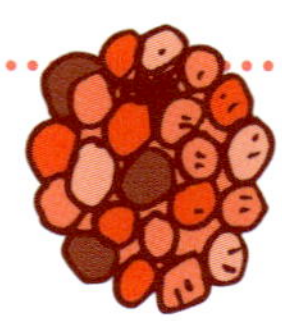

1 Die Zwiebel schälen und würfeln. Den Apfel klein würfeln. Den Ingwer schälen und fein reiben.

2 Alle Zutaten in einen Topf geben. Das Chutney unter Rühren ca. 30 Minuten kochen lassen, bis sich nicht mehr zu viel Flüssigkeit absetzt. Nicht zu dicklich einkochen lassen, sonst hat man am Ende nur noch Kernchen. Zügig in saubere Gläser abfüllen und fest verschließen.

ZDF Fernsehgarten

**TIPPS** Das Chutney passt überall da, wo sonst Preiselbeeren gereicht werden.

Möchten Sie den Einkochvorgang am Ende ein wenig beschleunigen, können Sie mit 3–4 g Pektin nachhelfen, die Sie ins Chutney einrühren, sollte es Ihnen noch zu flüssig sein.

# Aprikosen-Paprika-Chutney

## Zutaten

**für 4 Gläser à 250 ml**

500 g entsteinte Aprikosen ▮ 300 g Zwiebeln ▮ 200 g rote Paprika ▮ 300 g Zucker ▮ 250 ml Weißweinessig ▮ 1 EL Currypulver ▮ Salz und frisch gemahlener Pfeffer nach Belieben ▮ 1 Chilischote nach Belieben

1 Die Aprikosen klein schneiden, je nach Größe mindestens vierteln. Die Zwiebeln schälen und hacken. Die Paprika waschen, entkernen und in kleine Würfel schneiden.

2 Den Zucker in einem großen Topf karamellisieren. Aprikosen, Zwiebeln, Weißweinessig und Gewürze dazugeben. Achtung, da die Karamellmasse sehr heiß ist, dampft es stark! So lange rühren, bis sich der Zucker wieder vollständig gelöst hat. Etwas reduzieren lassen, bis sich nicht mehr so viel Flüssigkeit absetzt.

3 Die Paprikawürfel dazugeben und das Chutney ca. 15 Minuten kochen. Mit Salz, Pfeffer und eventuell noch ein wenig Currypulver pikant abschmecken. Für etwas mehr Schärfe eine in feine Ringe geschnittene Chilischote zugeben (Einmalhandschuhe anziehen!). Das Chutney in saubere Gläser füllen und sofort verschließen.

# Stachelbeerchutney

## Zutaten

**für ca. 4 Gläser à 200 ml**

1 Zwiebel ▮ 1 Apfel ▮ 1 kleines Stück Ingwer ▮ 3 Knoblauchzehen ▮ 1 TL Salz ▮ 1 kg fertig verlesene und von Stiel und Blüte befreite Stachelbeeren ▮ 150 g Zucker ▮ 100 ml Weißweinessig ▮ 1 EL Currypulver ▮ frischer gemahlener Pfeffer

1 Die Zwiebel und den Apfel schälen, den Apfel vom Kerngehäuse befreien. Zwiebel und Apfel würfeln. Den Ingwer schälen und fein reiben. Die Knoblauchzehen mit dem Salz zerdrücken.

2 Alle Zutaten bis auf den Pfeffer in einen Topf geben und unter Rühren lange sämig einköcheln lassen. Das dauert seine Zeit, da die Stachelbeeren erst langsam ihren Saft freigeben.

3 Wenn sich keine Flüssigkeit mehr an der Oberfläche absetzt, mit Pfeffer pikant abschmecken. Das Chutney in saubere Gläser füllen. Nach dem Abfüllen ca. 2–3 Wochen Zeit zum Reifen geben.

ZDF Fernsehgarten

**TIPP** Das Stachelbeerchutney passt sehr gut zu gebratenem oder gegrilltem Fisch.

# Apfel-Karotten-Chutney

## Zutaten

**für 5 Gläser à 250 ml**

1 kg Äpfel ▮ 500 g Karotten ▮ 2 Zwiebeln ▮ 50 g frischer, scharfer Meerrettich ▮ 100 g Rosinen ▮ 1 walnussgroßes Stück Ingwer ▮ 2 EL Curry ▮ 500 ml Weißweinessig ▮ 200 g brauner Kandiszucker ▮ 1 EL Salz

1 Die Äpfel schälen, vom Kerngehäuse befreien und in kleine Würfel schneiden. Die Karotten schälen und grob raspeln. Die Zwiebeln schälen und fein würfeln. Meerrettich und Ingwer schälen und fein reiben.

2 Alle Zutaten in einen Topf geben und unter Rühren zum Kochen bringen. Etwa 40 Minuten kochen, bis sich an der Oberfläche keine Flüssigkeit mehr absetzt.
Ab und zu umrühren und die Temperatur im Auge behalten, gegebenenfalls reduzieren.

3 Das Chutney pikant abschmecken und in saubere Gläser abfüllen.

ZDF Fernsehgarten

**TIPP** Für einen schnellen veganen Salat ½ Tasse Basmatireis und ½ Tasse rote Linsen zusammen weich kochen. Mit einem Glas Chutney und etwas Öl vermischen, eventuell noch mit Curry abschmecken. Schmeckt gut zu gegrillten Auberginen.

# Quittenchutney

## Zutaten

**für 4 Gläser à 250 ml**

1 große Zwiebel ▮ 1 walnussgroßes Stück Ingwer ▮ 1 Knoblauchzehe ▮ 1 Prise Salz ▮ ½ Chilischote ▮ 1 kg geschälte, entkernte Quitten, weich gekocht und gewürfelt ▮ 250 ml Weißweinessig ▮ 200 g brauner Zucker ▮ Saft und Schale von ½ Bio-Zitrone ▮ 80 g Rosinen ▮ 1 TL Zimt

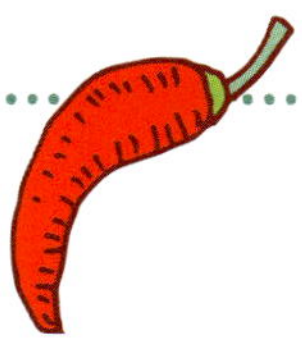

1 Die Zwiebel schälen und in feine Würfel schneiden. Den Ingwer schälen und fein reiben. Den Knoblauch abziehen, halbieren und mithilfe einer Gabel mit dem Salz zerdrücken. Die halbe Chilischote in feine Ringe schneiden, dabei die Kernchen entfernen (vorsichtshalber Einmalhandschuhe anziehen).

2 Alle Zutaten bis auf die Chiliringe in einen Topf geben. Unter Rühren ca. 40 Minuten kochen, bis sich an der Oberfläche keine Flüssigkeit mehr absetzt. Mit den Chiliringen pikant abschmecken. Das Chutney zügig in saubere Gläser abfüllen und sofort verschließen.

ZDF Fernsehgarten

**TIPPS** Quittenchutney können Sie aus dem Quittenfleisch zubereiten, das als »Abfallprodukt« beim Herstellen von Quittensaft übrig bleibt. Dafür die Quitten für die Saftzubereitung nicht ausdrücken, sondern nur kurz abgießen.

Passt gut zu Käse, gegrilltem dunklem Fleisch oder einfach pur auf ein geröstetes Brot.

# Erdbeer-Balsamico-Sauce

## Zutaten

**für 2 weithalsige Flaschen à 250 ml**

200 g frische Erdbeeren ▮ ½ Chilischote ▮ 1 Glas selbst gemachte Erdbeermarmelade (es geht auch eines, das die Farbe schon ein wenig eingebüßt hat) ▮ Saft von 1 Zitrone ▮ ½ TL gemahlene Vanille ▮ abgeriebene Schale von ½ Bio-Orange ▮ 250 ml Balsamicoessig ▮ eventuell brauner Zucker nach Bedarf

1 Die Erdbeeren putzen, waschen und mit einem Stabmixer pürieren. Die Chilischote waschen, entstielen, längs halbieren und entkernen (vorsichtshalber Einmalhandschuhe verwenden). Die Hälften in feine Streifen schneiden.

2 Erdbeeren und Chilistreifen mit den übrigen Zutaten in einem Topf verrühren und ca. 30 Minuten cremeartig einkochen lassen.

3 Die Sauce nach Belieben mit ein wenig braunem Zucker abschmecken. Heiß abfüllen und die Flaschen sofort verschließen.

ZDF Fernsehgarten

**TIPP** Lecker als Deko-Creme für Käseplatten, Wildgerichte, aber auch für Dessertkreationen.

# Zwiebelconfit mit Himbeeren

## Zutaten

**für 12 Gläser à 100 ml**

1 kg weiße Zwiebeln ▮ 300 g brauner Zucker ▮ 200 g weißer Zucker ▮ 8 g Pektin 2 : 1 ▮ 30 ml Zitronensaft ▮ 50 ml Himbeeressig ▮ 100 g Himbeeren (am besten vom selbst gemachten Himbeeressig, siehe TIPP, alternativ frische oder TK-Himbeeren)

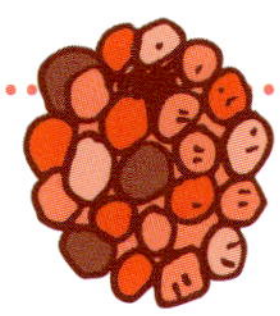

1 Die Zwiebeln schälen und in feine Würfel schneiden. Beide Zuckerarten mit dem Pektin mischen. Mit Zwiebeln, Zitronensaft und Himbeeressig in einen Topf geben.

2 Unter Rühren zum Kochen bringen, bis sich der Zucker gelöst hat. Nach Belieben mit dem Stabmixer noch etwas zerkleinern. Sobald die Mischung aufgekocht ist, ca. 4 Minuten kochen lassen. Schaum abschöpfen und immer wieder umrühren.

3 1 Minute vor Ende der Kochzeit die Himbeeren vorsichtig einrühren, das Confit zügig abfüllen.

**TIPPS** Das Zwiebelconfit passt zur Grillplatte, zum selbst gemachten Kartoffelpüree mit Bratwurst oder auf geröstetem Graubrot.

Für **selbst angesetzten Himbeeressig** eine Handvoll frische Waldhimbeeren verlesen und in eine Flasche geben (alternativ gehen auch TK-Himbeeren). Die Flasche mit Weißweinessig oder Branntweinessig auffüllen und fest verschließen. Der Essig muss mindestens zwei Wochen lang an einem warmen Ort durchziehen, danach ist er fertig. Wer einen ganz klaren Essig mag, filtert ihn durch einen Kaffeefilter in ein anderes Gefäß. Die Zugabe von Gewürzen während der Reifezeit ist natürlich möglich. Hier eignen sich Orangenschalen, Ingwer oder Kardamomkapseln.

# Riesling-Rosmarin-Gelee

## Zutaten

**für 12 Gläser à 100 ml**

1 Bio-Orange ■ 500 g Zucker ■
10 g Pektin 2 : 1 ■ 500 ml Riesling ■
250 ml weißer Balsamicoessig ■
2–3 Rosmarinzweige + 1 Handvoll fein
gehackte Rosmarinnadeln

1 Die Orange waschen, trocknen und die Schale in großen Stücken abschälen. Anschließend den Saft auspressen. Zucker und Pektin gut mischen.

2 Riesling, Balsamicoessig und Orangensaft in einen Topf geben. Die Zucker-Pektin-Mischung unter stetigem Rühren einrieseln lassen. Orangenschale und Rosmarinzweige dazugeben, alles unter Rühren aufkochen und ca. 4 Minuten sprudelnd kochen lassen. Dabei immer wieder abschäumen.

3 Wenn das Gelee fertig ist, Rosmarinzweige und Orangenschale entfernen. Die fein gehackten Rosmarinnadeln zugeben. Das Gelee in die vorbereiteten Gläser (siehe Seite 10) abfüllen und gleich verschließen.

Fernsehgarten

**TIPP** Lassen Sie sich das Rosmaringelee zu einer schönen Käseauswahl schmecken!

# Salzzitronen

## Zutaten

für 1 großes Glas

1–2 Bio-Zitronen (je nach Glasgröße) ▮ grobes Salz ▮ geschälter und in dünne Scheiben geschnittener Ingwer nach Belieben ▮ geschälte und halbierte Knoblauchzehen nach Belieben ▮ abgekochtes Wasser

1 Die Zitronen waschen, trocknen und achteln. Abwechselnd mit dem Salz in Einkochgläser schichten. Ingwerscheiben und Knoblauchhälften nach Geschmack dazugeben.

2 Mit abgekochtem Wasser auffüllen und verschließen. Im Einkochtopf 30 Minuten bei 80 °C einkochen.

Fernsehgarten ZDF

**TIPPS** Die Salzzitronen eignen sich gut zum Verfeinern orientalischer Speisen, zum Beispiel von Hühnchen- oder Fischgerichten. Dann kein zusätzliches Salz verwenden!

Wer die Zitronen ohne Einkochen zubereiten möchte, nimmt mehr Salz und lässt das Wasser weg. Bei Bedarf immer wieder nachsalzen. Bei dieser Methode dauert es etwas länger, bis die Schale weich wird (bis zu mehreren Wochen). Man sollte deshalb eine Zitronensorte mit dünner Schale wählen.

Mehrere Gläser lassen sich auch im Schnellkochtopf einkochen. Den Siebeinsatz in den Topf geben, Gläser berührungsfrei einstellen. Wasser bis zur Minimummarke auffüllen und verschließen. Bei Stufe 1 etwa 8–10 Minuten kochen lassen, danach langsam abkühlen, keinesfalls abdampfen! Die Gläser stehen unter Druck und würden sonst platzen.

# Gewürzkirschen

## Zutaten

**für 1 Glas à 3 l**

750 ml Apfelsaft ▮ 1 kg entsteinte Süßkirschen ▮ 500 g brauner Kandiszucker ▮ 750 ml Wodka
*Für das Gewürzsäckchen:* 1 Zimtstange ▮ 2–3 Sternanis ▮ 3 Nelken ▮ 5 schwarze Pfefferkörner ▮ 1 kleines Lorbeerblatt

**Außerdem:**
1 Teebeutel ▮ Bindfaden

1 Den Apfelsaft in einen Topf geben, erhitzen und auf 500 ml reduzieren lassen. Das Wasser verdunstet, der Geschmack intensiviert sich. Wer mag, gibt hier schon das Gewürzsäckchen (siehe Schritt 2) mit dazu.

2 Die Kirschen in das Glas einfüllen. Mit dem Kandiszucker bedecken. Die Zimtstange zerbröseln und mit den anderen Gewürzen in einen Teebeutel geben, gut mit Bindfaden verschließen. Zu den Kirschen geben und alles mit dem Wodka aufgießen. So viel reduzierten Apfelsaft dazugeben, dass das Glas komplett gefüllt ist. Das Glas nun im kühlen Keller lichtgeschützt aufbewahren und immer mal wieder drehen, um alles gut zu durchmischen. Kurz vor der Adventszeit sollten die Kirschen das richtige Aroma haben.

ZDF Fernsehgarten

**TIPPS** Ideal sind die Gewürzkirschen als kulinarisches Weihnachtsgeschenk. Füllen Sie sie dazu in dekorative Gläser ab und verzieren Sie diese mit Schmuckbändern und selbst gemachten Etiketten. Wer es gerne süß mag: 2 Kugeln Vanilleeis in ein hohes Glas geben, Gewürzkirschen darauf anrichten und mit einer Haube aus geschlagener Sahne garnieren.

# Rotwein-Essig-Zwetschgen

## Zutaten

**für 4 Gläser à 500 ml**

1 kg Zwetschgen ▮ ½ Bio-Zitrone ▮ 500 ml Rotwein ▮ 350 ml Weinessig ▮ 500 g Zucker ▮ 5 Nelken ▮ 1 Zimtstange

**Außerdem:**
1 Holzstäbchen

1 Die Zwetschgen waschen und mit einem Holzstäbchen mehrfach einstechen. Die Bio-Zitrone waschen und in Scheiben schneiden.

2 Aus Rotwein, Weinessig und Zucker in einem Topf einen Sud zubereiten, Zitronenscheiben und Gewürze zufügen und aufkochen. Die Zwetschgen dazugeben, bei niedriger Hitze 3 Minuten ziehen lassen.

3 Die Früchte abschöpfen und in ein großes Glas geben. Den Sud etwas einkochen lassen und heiß über die Zwetschgen gießen, über Nacht stehen lassen.

4 Am nächsten Tag den Sud in einen Topf abgießen und deutlich reduzieren lassen. Die Zwetschgen auf die bereitgestellten Gläser verteilen, dabei die Zitronenscheiben entfernen. Den heißen Sud durch ein Sieb über die Früchte gießen und die Gläser sofort verschließen.

**TIPP** Die eingelegten Zwetschgen sind mindestens ein halbes Jahr haltbar. Sie schmecken hervorragend zu Wildgerichten oder können beispielsweise zu gebackenem Camembert gereicht werden.

# Petersilien-Mandel-Pesto

## Zutaten

**für 4 Gläser à 100 ml**

150 g frische glatte Petersilie ohne die harten Stängel ▮ 200–300 ml bestes Olivenöl ▮ 2 frische Knoblauchzehen ▮ 40 g geröstete Mandelstifte ▮ 60 g geriebener Parmesan ▮ Salz und Pfeffer nach Geschmack

1 Die Petersilie waschen und verlesen. In einer Salatschleuder trockenschleudern und mit Küchenpapier zusätzlich trockentupfen. Mit etwas Olivenöl in einem hohen Becher mit dem Stabmixer pürieren.

2 Den Knoblauch abziehen, grob hacken und mit den restlichen Zutaten zur Petersiliencreme geben. Mit so viel Öl weiterverarbeiten, bis die gewünschte Konsistenz erreicht ist.

3 Das Pesto in saubere Gläser füllen und mit Öl bedecken. Am besten im Kühlschrank aufbewahren oder einfrieren.

Fernsehgarten ZDF

**TIPP** Sehr schnell gemachter Dip zu neuen Kartoffeln oder einem krossen Ciabatta.

# Basilikum-Pinienkern-Pesto

## Zutaten

**für 4 Gläser à 100 ml**

100 g frische Basilikumblättchen ▮ 200 ml bestes Olivenöl ▮ 2 frische Knoblauchzehen ▮ 30 g geröstete Pinienkerne ▮ 70 g fein geriebener Pecorino ▮ Salz und Pfeffer nach Geschmack

1 Die Basilikumblättchen mit 100 ml Olivenöl in einem hohen Becher mit einem Stabmixer zu einer homogenen Paste verarbeiten.

2 Den Knoblauch abziehen, mit den Pinienkernen und dem Pecorino dazugeben. Mit Olivenöl bis zur gewünschten Sämigkeit pürieren. Mit Salz und Pfeffer kräftig abschmecken. In saubere Gläser füllen, mit Öl bedecken. Das Pesto hält sich im Kühlschrank ca. 2–3 Wochen.

ZDF Fernsehgarten

**TIPP** Ja, am besten bereitet man das Pesto immer gaaanz frisch und in kleinen, zum sofortigen Gebrauch bestimmten Portionen im Mörser zu. Aber wenn das Basilikum gut wächst und nicht immer Pasta mit Pesto auf dem Speiseplan stehen soll, müssen Vorratshaltung und eine schnelle Zubereitung erlaubt sein! Wer seine Schätze längere Zeit genießen möchte, friert das Pesto portionsweise im Eiswürfelbehälter ein. Dann gibt es auch im Winter herrlich sommerliche Spaghetti mit Pesto!

# Rucola-Walnuss-Pesto

## Zutaten

**für 1 Glas à 300 ml**

125 g Rucola ▮ 2 frische Knoblauchzehen ▮ 50 g gehackte, geröstete Walnusskerne ▮ 50 g geriebener Bergkäse ▮ 100 ml bestes Olivenöl + Öl zum Bedecken ▮ Salz und Pfeffer nach Geschmack ▮ Sonnenblumenöl zum Frittieren

1 Den Rucola verlesen, die ganz harten Stängel abschneiden. Waschen und in einer Salatschleuder trockenschleudern. Mit Küchenpapier zusätzlich trockentupfen.

2 Ausreichend Sonnenblumenöl in einem Topf erhitzen. Den Rucola darin portionsweise frittieren. Achtung, es spritzt! Je trockener der Rucola ist, desto besser funktioniert das Frittieren. Die frittierten Blätter auf Küchenpapier abtropfen lassen.

3 Den Knoblauch abziehen, grob zerteilen und mit den restlichen Zutaten entweder im Mixer oder mit dem Stabmixer zu einer sämigen Paste verarbeiten. In saubere Gläser füllen, mit Öl bedecken und kühl lagern. Das Pesto ist ca. 2–3 Wochen haltbar.

Fernseh garten

**TIPP** Kräftiges Pesto, das gut zu Gegrilltem schmeckt.

# Ananas-Curry-Senf

## Zutaten

für ca. 5 Gläser à 100 ml

100 g gewürfelte Ananas (frisch oder alternativ aus der Dose, dann den Zucker um ein Viertel oder die Hälfte reduzieren) ▮ 50 g brauner Zucker ▮ 100 g gelbe Senfkörner ▮ 200 ml weißer Balsamicoessig ▮ 1 EL Currypulver ▮ 1 TL Salz ▮ ½ in sehr feine Würfel geschnittene Chilischote

1 Die Ananaswürfel mit dem braunen Zucker bedecken und Saft ziehen lassen. Die Senfkörner in einer (Kaffee-)Mühle so fein wie möglich mahlen, eventuell im Standmixer weiter zerkleinern.

2 Die gezuckerten Ananaswürfel mitsamt dem entstandenen Saft mit den restlichen Zutaten ebenfalls in den Standmixer geben und alles gut durchmischen. Zum Schluss die Chiliwürfel unterheben, nicht mehr mixen.

3 Den Senf in ein sauberes Glasgefäß umfüllen und nur mit einem Tuch abgedeckt 2–3 Tage bei Zimmertemperatur stehen lassen, dann erst probieren. (Dann haben sich die stechenden Senföle verzogen und der eigentliche Geschmack kommt zum Vorschein.)

4 Den Senf eventuell noch mit etwas Zucker oder Currypulver abschmecken und zum Ausreifen 2 Wochen bei Zimmertemperatur mit locker aufgelegtem Deckel (keinesfalls dicht abgeschlossen!) stehen lassen. Vor dem Abfüllen ist ein erneutes Abschmecken immer noch möglich. In saubere, dekorative Gläser mit Kork- oder Schraubverschluss umfüllen. Der Senf ist unbegrenzt haltbar, solange man keine Fremdstoffe wie Brotkrümel oder Fett hineinbringt. Er konserviert sich in der Regel selbst.

# Cashew-Senf

## Zutaten

**für ca. 4 Gläser à 100 ml**

100 g gelbe Senfkörner ▮ je ½ TL Koriander- und Pimentkörner ▮ 70 g geröstete und gesalzene Cashewkerne ▮ 40 g Zucker ▮ etwas geriebener, frischer Ingwer ▮ 100 ml Weißweinessig ▮ 100 ml Balsamicoessig ▮ 30 ml Sojasauce

1 Die Senfkörner zusammen mit den Koriander- und Pimentkörnern in einer (Kaffee-) Mühle vermahlen. Die Cashewkerne grob hacken und mit den gemahlenen Gewürzen sowie den übrigen Zutaten in einen Mixbecher geben. Mit einem Stabmixer pürieren.

2 Den Senf in ein sauberes Glasgefäß umfüllen, mit einem Tuch abdecken und 2 Tage bei Zimmertemperatur stehen lassen.

3 Eine Kostprobe nehmen und eventuell mit Sojasauce oder Zucker nachwürzen. Zwei Wochen mit locker aufgelegtem Deckel bei Zimmertemperatur reifen lassen (keinesfalls dicht verschlossen!), dann sollte der Reifeprozess abgeschlossen sein. Den Senf in saubere, dekorative Gläser abfüllen.

ZDF Fernsehgarten

**TIPP** Cashew-Senf passt gut zu Hühnchengerichten. Sie können ihn auch für Salatsaucen verwenden. Mit Öl vermischt ergibt dieser Senf auch eine schöne Grillmarinade für Hähnchen- oder Putenfleischspieße und Gemüse.

# Apfel-Calvados-Senf

## Zutaten

**für ca. 6 Gläser à 100 ml**

100 g gelbe Senfkörner ▮ ½ TL Koriandersamen ▮ 200 g Apfelkompott (selbst gekocht oder aus dem Glas) ▮ 150 ml weißer Balsamicoessig ▮ 100 ml Calvados ▮ 50 g Apfelkraut ▮ ¼ TL Zimtpulver ▮ 1 EL Vanillezucker ▮ 1 TL Salz

1 Die Senfkörner zusammen mit den Koriandersamen in einer (Kaffee-)Mühle so fein wie möglich mahlen. Mit einem Stand- bzw. Stabmixer den Mahlgrad nach Wunsch noch verfeinern.

2 Alle Zutaten im Standmixer oder in einem Mixbecher mit dem Stabmixer vermischen. Den Senf in ein anderes, sauberes Gefäß umfüllen und mit einem Tuch abgedeckt 2 Tage bei Zimmertemperatur ziehen lassen.

3 Eine erste Geschmacksprobe nehmen, eventuell noch Apfelkraut oder -kompott zufügen. Dem Senf dann 2 Wochen Zeit zum Reifen geben. Dazu einen Deckel locker auf das Gefäß auflegen (auf keinen Fall dicht verschließen!). Nochmals abschmecken und dann in saubere, hübsche Gläschen füllen.

# Schokoladensenf

## Zutaten

**für 4 Gläser à 100 ml**

100 g Senfkörner ▮ 2–3 Kaffeebohnen ▮
100 g Zartbitterschokolade ▮
200 ml Balsamicoessig ▮ 35 g Zucker ▮
½ Chilischote in feinen Streifen

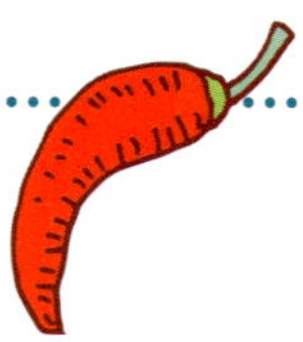

1 Die Senfkörner mit den Kaffeebohnen zusammen in einer Gewürz- bzw. Kaffeemühle mahlen (die Mühle danach gründlich reinigen). Im Standmixer nach Wunsch noch weiter zerkleinern.

2 Die Schokolade grob hacken und mit den restlichen Zutaten zum Senfmehl geben. Alles mit dem Stabmixer durchmischen und zerkleinern.

3 Den Senf in ein anderes, sauberes Gefäß umfüllen und locker mit einem Tuch abgedeckt bei Zimmertemperatur 2 Tage stehen lassen. Dann abschmecken, eventuell etwas Zucker zugeben.

4 Den Senf 2 Wochen mit locker auf das Reifegefäß aufgelegtem Deckel (keinesfalls dicht verschließen!) reifen lassen. Nochmals abschmecken und in saubere, dekorative Gläser abfüllen.

Fernseh garten ZDF

**TIPP** Passt gut zu Wildgerichten und dunklen Saucen.

# Birnen-Senfsauce

## Zutaten

**für 4 Gläser bzw. Flaschen à 250 ml**

250 ml Birnensaft (oder Apfel-/Birnensaft) ▮ 150 ml weißer Balsamicoessig ▮ 100 g Mascobado-Zucker ▮ 1 Zimtstange ▮ Schale von ½ Bio-Orange in breiten Streifen ▮ 1 kg Birnen (am besten Williamsbirnen) ▮ 50 g Senfpulver ▮ 1 EL braune Senfkörner, im Mörser angestoßen (alternativ gelbe Senfkörner)

1 Birnensaft, Balsamicoessig, Mascobado-Zucker, Zimtstange und Orangenschale in einem Topf zu einem Sirup aufkochen.

2 Die Birnen schälen, vom Kerngehäuse befreien und würfeln. Die Birnenwürfel in den Sirup geben. Ziehen lassen, bis dieser erkaltet ist.

3 Am nächsten Tag den Sud durch ein Sieb in einen anderen Topf abgießen. Zimtstange und Orangenschale dazugeben und den Sud stark einkochen lassen.

4 Die Gewürze entfernen. Senfpulver und -körner mit einem Schneebesen einrühren. Die Birnenstücke dazugeben, untermischen und alles noch mal aufkochen. Nach Belieben pürieren. Die Sauce gleich abfüllen und die Gläser bzw. Flaschen verschließen.

Fernseh garten

**TIPP** Unschlagbar zu einer Käseplatte mit feinen Weichkäsen und auch kräftigen Sorten.

CAFÉ

# Feines zum Genießen

Nicht nur in der Weihnachtszeit verwandelt sich die Manufaktur in eine duftende Backstube. Gebackene Kleinigkeiten zum Genießen haben das ganze Jahr über Saison! Und ausgesprochene Spezialitäten werden für den Rest des Jahres in hübschen Einkochgläsern haltbar gemacht. Da ist für den spontanen Kaffeebesuch immer etwas dabei …

# Cake Pops

## Zutaten

**für ca. 15 Stück**

250 g Tortenboden, Rührkuchen oder Löffelbiskuits ▮ 100 g Doppelrahmfrischkäse ▮ 50 g weiche Butter ▮ 50 g Puderzucker (ggf. mehr, je nach Grundsüße des Teigs) ▮ 200 g Zartbitterkuvertüre und evtl. 50 g weiße Kuvertüre zum Verzieren ▮ bei Bedarf etwas Kakaobutter oder Kokosfett zum Verdünnen der Kuvertüre ▮ Zuckerdekor in verschiedenen Ausführungen, gehackte Nüsse, Schokostreusel oder Glitter

**Außerdem:**
Etwa 15 Holzstäbchen oder Lollipop-Stiele ▮ mit Alufolie überzogener Styroporblock oder Blumensteckmasse zum Trocknen der fertigen Cake Pops

1 Kuchen fein zerkrümeln, Löffelbiskuits mithilfe einer Reibe fein reiben. Die Brösel mit dem Frischkäse, der Butter und dem Puderzucker in einer Schüssel so lange durchmischen, bis eine formbare Masse entsteht. Das funktioniert am besten mit den Fingern.

2 Mit einem kleinen Eisportionierer oder Löffel gleichmäßige Stücke abnehmen und diese zu Kugeln formen. Auf einen Teller legen und 30 Minuten in den Kühlschrank stellen. Währenddessen die Kuvertüre hacken und im Wasserbad sanft schmelzen.

3 Die Stiele ca. 1 cm tief in die geschmolzene Kuvertüre eintauchen und in die kalten Bällchen stecken. 15 Minuten kühlen.

4 Die Kuvertüre wieder erwärmen. Falls sie zu dickflüssig ist, etwas Kakaobutter oder Kokosfett dazugeben. Die Cake Pops vorsichtig komplett eintauchen oder mit einem Löffel die Kuvertüre darüberlaufen lassen. Durch leichtes Klopfen und Drehen die überschüssige Kuvertüre ablaufen lassen und sofort mit Dekor nach Wunsch verzieren. Zum Trocknen in den vorbereiteten Styroporblock stechen.

# Biskuitkuchen aus dem Glas

## Zutaten

**für 4 Kuchen**

4 Eier ▮ 100 g Zucker ▮ 1 Packung Vanille-Puddingpulver ▮ 80 g Mehl ▮ Butter für die Gläser

**Außerdem:** 4 Weckgläser à 500 ml

1 Den Backofen auf 175 °C vorheizen. Die Butter im Ofen zerlassen und die Gläser damit einpinseln. Die Eier trennen, das Eiweiß mit dem Zucker zu sehr steifem Schnee schlagen (schnittfest!). Die Eigelbe unterziehen. Das Puddingpulver mit dem Mehl mischen, über die Eiermasse sieben und unterheben. Die Gläser zu maximal zwei Drittel mit der Biskuitmasse füllen und ohne Deckel im Ofen auf der mittleren Schiene ca. 12 Minuten goldbraun backen.

2 Die Gläser aus dem Ofen nehmen. Sobald sie etwas abgekühlt sind, mit nassen Gummiringen belegen und mit Deckel und Klammern verschließen. Der Biskuit ist ca. 2–3 Wochen haltbar. Soll er länger gelagert werden, bei 100 °C 1 Stunde einkochen.

ZDF Fernsehgarten

**TIPPS** Für kleine Obst-Tartelettes Biskuitboden aus dem Glas lösen und in gleichmäßige Scheiben schneiden. Nach Belieben mit einer Vanillecreme bestreichen, reichlich frisches Obst daraufgeben und servieren. Oder Sie probieren mal den leckeren Lemon Curd als Belag (Rezept siehe Seite 95). Die Böden können je nach Jahreszeit und Gusto belegt werden.

Verwenden Sie unbedingt Gläser, die nach oben weiter werden, damit man den Teig stürzen kann. Es funktioniert ebenfalls mit Twist-off- oder Bügelverschlussgläsern.

# Mini-Pfannküchlein mit Früchten

## Zutaten

**für ca. 15 Stück**

250 g Mehl ▮ 1 EL Vanillezucker (am besten selbst gemachter) ▮ 1 geh. TL Backpulver ▮ 250 g Milch (ja, Gramm!) ▮ 2 Eier ▮ 1 EL neutrales Öl ▮ Öl zum Ausbacken ▮ Butter, Ahornsirup und frische, aufgeschnittene Früchte nach Wahl

1 Das Mehl und den Vanillezucker in eine Schüssel geben. Das Backpulver einsieben und alles vermischen. Mit einem Schneebesen in der Mitte eine Mulde formen. Milch, Eier und Öl hineingeben. Von der Mitte aus alles zu einem Teig verarbeiten, nicht zu viel rühren. Wenn kleine Klümpchen bleiben, ist es nicht schlimm!

2 So viel Öl in einer beschichteten Pfanne erhitzen, dass der Boden großzügig bedeckt ist. Erst wenn an einem Holzstäbchen Blasen aufsteigen, ist das Öl heiß genug.

3 Mit einer kleinen Schöpfkelle portionsweise den Teig in die Pfanne geben (ca. 5 Portionen auf einmal). Wenn die Teigoberfläche nicht mehr flüssig ist, mithilfe von zwei Gabeln die Pfannküchlein umdrehen und goldbraun fertig backen.

4 Heiß servieren. Dazu mit Butter bestreichen, Ahornsirup darüberträufeln und mit frischen Früchten garnieren.

Fernsehgarten ZDF

**TIPP** Ich mache den Teig auf einer Waage, einfach alles direkt in die Schüssel reinwiegen – gibt weniger Abwasch!

# Marzipan-Kirsch-Kuchen

## Zutaten

**für 3 Kuchen**

100 g Marzipanrohmasse ▮ 150 g weiche Butter ▮ 130 g Zucker ▮ 3 Eier (Größe L) ▮ 220 g Mehl ▮ 1 TL Backpulver ▮ 1 TL Zimt ▮ 500 g entsteinte Süßkirschen ▮ Butter für die Gläser

**Außerdem:** 3 Gläser à 290 ml

1 Den Backofen auf 180 °C vorheizen. Die Gläser einfetten. Das Marzipan mit einer Gemüsereibe grob reiben. Mit der weichen Butter und dem Zucker in einer Rührschüssel zu einer cremigen Masse verarbeiten. Die Eier nacheinander unterrühren. Mehl mit Backpulver und Zimt vermischen. Über die Masse sieben und einarbeiten. Die Kirschen unterheben.

2 Die Gläser zu maximal zwei Drittel mit dem Teig füllen. Im vorgeheizten Backofen 35–40 Minuten auf der mittleren Schiene backen (Stäbchenprobe).

3 Die Gläser je nach Glastyp mit nassem Gummiring, Deckel und Klammern oder einfach mit Deckel sofort heiß verschließen. Die Kuchen sind kühl gelagert mindestens 2 Wochen haltbar. Für längeres Haltbarmachen bei 100 °C 1 Stunde einkochen. Zum sofortigen Verzehr die Küchlein abkühlen lassen und entweder direkt aus dem Glas löffeln oder stürzen und servieren.

ZDF Fernsehgarten

**TIPP** Falls die Küchlein doch mal über den Rand schauen, entweder mit dem Deckel nach unten drücken, wenn es nicht zu viel ist, oder bündig mit dem Glasrand abschneiden. Dann aber vor dem Verschließen darauf achten, dass der Rand wieder sauber ist!

# Lemon Curd

## Zutaten

für ca. 8 Gläser à 100 ml

Saft und abgeriebene Schale von 4 Bio-Zitronen ▮ 125 g Butter in Flocken ▮ 400 g Zucker ▮ 4 Eier

1 Ein warmes Wasserbad aufsetzen. Alle Zutaten in eine Metallschüssel geben und über dem Wasserbad erwärmen.

2 Wenn Butter und Zucker geschmolzen sind, mit einem Schneebesen weiterrühren, dabei die Wassertemperatur unterhalb des Siedepunkts halten. Nach ca. 40–50 Minuten verdickt sich die Masse zu einer Creme. Das Curd ist fertig, sobald die Masse zähflüssig von einem Löffelrücken tropft.

3 Das Lemon Curd in saubere Gläser füllen, verschließen. Das Curd ist ca. 3 Monate haltbar.

**TIPP** Für das Lemon Curd gibt es im Deutschen keine treffende Übersetzung. Am ehesten lässt es sich mit Zitronencreme beschreiben, wobei hier nicht in erster Linie an einen Nachtisch gedacht wird. Lemon Curd wird in England zu Scones gegessen oder zu trockenem Mürbeteiggebäck wie Shortbread. Ein aus Limetten gefertigtes Curd ist Bestandteil des Key Lime Pie, der in Florida gerne gegessen wird. Mittlerweile sind auch andere Curd-Varianten beliebt, die Fruchtmus aus Beerenfrüchten enthalten oder Maracuja.

# Englische Scones

## Zutaten

**für ca. 15 Stück**

300 g Mehl ▮ 1 gehäufter TL Backpulver ▮ 40 g Zucker ▮ ½ TL Salz ▮ 50 g Butter ▮ 180 ml Milch ▮ Mehl zum Ausrollen ▮ Milch, Eigelb oder Sahne zum Bestreichen

1 Den Backofen auf 220 °C vorheizen und ein Backblech mit Backpapier auslegen. Die trockenen Zutaten in einer Schüssel vermengen. Die Butter in Stückchen dazugeben und unterkneten. Nach und nach mit der Milch zu einem glatten Teig verarbeiten. Den Teig 15 Minuten kühl stellen.

2 Den Teig leicht durchkneten und auf einer bemehlten Arbeitsfläche 2 cm dick ausrollen. Mit einem Glas oder einer Ausstechform (ca. 6 cm Durchmesser) Kreise ausstechen. Auf das vorbereitete Blech setzen und weitere 5–10 Minuten ruhen lassen.

3 Die Teigkreise mit etwas Milch bzw. Eigelb oder Sahne bestreichen und im vorgeheizten Ofen auf mittlerer Schiene etwa 10 Minuten goldgelb backen.

Fernsehgarten ZDF

**TIPP** Die Scones abgekühlt, aber noch warm servieren. Zum Verzehr wie ein Brötchen halbieren und ganz klassisch mit Butter bzw. Clotted Cream und Erdbeermarmelade (Rezept siehe Seite 18) servieren oder mit Lemon Curd (Rezept siehe Seite 95) bestreichen und nach Wunsch einen Klecks Sahne dazugeben.

# Blueberry Curd

## Zutaten

**für ca. 8 Gläser à 100 ml**

150 g Blaubeeren (alternativ TK-Früchte) ▮ 125 g Butter in Flocken ▮ 400 g Zucker ▮ 4 Eier ▮ Saft und abgeriebene Schale von 1 Bio-Zitrone

1 Die Blaubeeren in wenig Wasser so lange dünsten, bis die Schalen geplatzt sind. Durch ein feinmaschiges Sieb streichen.

2 Ein warmes Wasserbad aufsetzen. Butter, Zucker, Eier sowie Zitronensaft und -abrieb in eine Metallschüssel geben und unter Rühren über dem Wasserbad erhitzen. Die Wassertemperatur stets unterhalb des Siedepunkts halten, damit die Eier nicht gerinnen, und regelmäßig rühren. Nach insgesamt 40–50 Minuten verdickt sich die Masse zu einer sämigen Creme.

3 Gegen Ende der Kochzeit die Masse häufiger mit einem Schneebesen durchmischen, damit sich keine Eiweißflöckchen bilden. Das Curd ist fertig, sobald die Masse zähflüssig von einem Löffelrücken tropft.

4 Das Blueberry Curd in saubere Gläser füllen und nach spätestens drei Monaten genießen. Angebrochene Gläser im Kühlschrank aufbewahren.

# Kaffeelikör

## Zutaten

**für 1 Glas bzw. Flasche à 1 l**

1 Handvoll Kaffeebohnen ▮ 200 g brauner Kandiszucker (Krümelzucker) ▮ 1 Flasche Wodka oder Korn ▮ 1 Vanillestange

1 Alle Zutaten in einem großen Glas oder in einer Flasche mischen. 4–6 Wochen ziehen lassen, währenddessen öfter schütteln, damit sich der Kandis löst.

2 Filtern (durch ein Sieb oder ein Mulltuch abgießen) und in kleine Flaschen abfüllen.

Fernsehgarten ZDF

**TIPPS** Schmeckt pur oder über Eis mit einem Klecks Sahne. Der Likör eignet sich auch gut zum Beträufeln der Löffelbiskuits von einem selbst gemachten Tiramisu. Wem der Likör zu stark ist, verdünnt mit 200 ml Wasser oder Kaffee.

Auf die gleiche Weise können Liköre mit zum Beispiel weihnachtlichen Gewürzen hergestellt werden. Dazu eignen sich Zimtstange, Kardamom, Vanille, Sternanis und Piment. Die Zubereitungsweise funktioniert auch bei Likören aus Zitrusschalen (ähnlich dem Limoncello).

CAFÉ

# Kartoffelpralinen

## Zutaten

**für ca. 30 Stück**

500 g mehligkochende Kartoffeln ▮ 200 g weiße Kuvertüre ▮ 100 g weiche Butter ▮ 1/4 TL gemahlene Vanille ▮ 1/4 TL gemahlener Kardamom ▮ Kokosraspel zum Wälzen

**Außerdem:** Etwa 30 kleine Papierförmchen

1 Die Kartoffeln in einem Topf gar kochen. Das Wasser abgießen, die Kartoffeln im Topf auf der heißen Platte gut abdampfen lassen. Schälen und durch eine Kartoffelpresse in eine Schüssel drücken. Die Kuvertüre im Wasserbad schmelzen. Sobald die Kartoffeln handwarm sind, mit der flüssigen Kuvertüre, der Butter und den Gewürzen zu einem glatten Teig verkneten. Mit Frischhaltefolie abdecken, 2–3 Stunden kalt stellen.

2 Die Kokosraspel auf einen Teller geben. Mit einem Löffel oder kleinen Eisportionierer von der Kartoffelmasse Kugeln abstechen, gleichmäßig formen und in den Kokosraspeln wälzen. In kleine Papierförmchen setzen und kühl stellen. Die Kartoffelpralinen sind ca. 1 Woche gekühlt haltbar.

**TIPPS** In jede Praline beim Formen eine ganze, geschälte Mandel einarbeiten. Knackt herrlich beim Reinbeißen! Oder die Hälfte der Kokosraspel rösten – ergibt eine schöne Farbkombination mit den ungerösteten, weißen. Oder aber: Kokosraspel färben. Dafür 50 ml Wasser mit flüssiger Lebensmittelfarbe einfärben. 100 g Kokosraspel dazugeben und gut vermischen. Die Raspel auf ein mit Backpapier ausgelegtes Blech geben und bei 80 °C ca. 45 Minuten trocknen lassen. Immer mal wieder die Ofentür öffnen und die Raspel wenden, damit die Feuchtigkeit abziehen kann.

# Brigadeiros aus Brasilien

## Zutaten

**für ca. 40 Stück**

30 g Butter + evtl. ein wenig zum Einfetten ▮ 1 Dose gezuckerte Kondensmilch (ca. 400 g) ▮ bunte Streusel, gehackte Nüsse oder Kakaopulver zum Wälzen

**Außerdem:**
Etwa 40 kleine Papierförmchen

1 Einen Rost mit Backpapier auslegen oder einen Teller mit Butter einfetten. Die Butter in einem Topf schmelzen. Die Kondensmilch hinzufügen und immer rühren. Nicht kochen lassen! Wenn der Topfboden beim Rühren für kurze Zeit sichtbar bleibt (man sagt, eine Straße bildet), ist die Brigadeiro-Masse fertig. Auf dem Rost oder eingefetteten Teller ganz auskühlen lassen.

2 Mit gebutterten Händen Kugeln in Pralinengröße formen und nach Belieben in Streuseln, Nüssen oder Kakaopulver wälzen. In kleine Papierförmchen setzen und in den Kühlschrank geben. Kalt genießen.

## Weiße Brigadeiros mit Kokosnuss

1 30 g Butter in einem Topf zerlassen. 1 Dose gezuckerte Kondensmilch (ca. 400 g) dazugeben, stetig rühren. 100 g Kokosraspel zur Masse geben. Nicht kochen lassen! Wenn der Topfboden beim Rühren für kurze Zeit sichtbar bleibt, ist die Masse fertig. Wie oben beschrieben auskühlen lassen.

2 Mit gebutterten Händen ca. 40 Kugeln in Pralinengröße formen, dabei jeweils eine abgezogene Mandel in die Mitte einarbeiten. In 100 g Kokosraspeln wälzen (nach Wunsch einen Teil der Kokosraspeln rösten, dann hat man unterschiedliche Farben) und mit je einer Gewürznelke dekorieren. In kleine Papierförmchen setzen und kühl stellen. Zum Verzehr Nelke herausnehmen.

# Cajuzinhos – brasilianische Pralinen

## Zutaten

**für ca. 30 Stück**

150 g geröstete Erdnüsse (ohne Salz) + ca. 30 ganze, geröstete Erdnüsse als Deko ▮ 30 g Butter ▮ 1 Dose gezuckerte Kondensmilch (ca. 400 g) ▮ feinster Zucker zum Wälzen

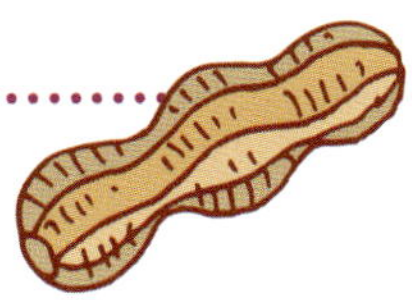

1 Zum späteren Auskühlen der Masse einen Rost mit Backpapier auslegen oder einen Teller mit Butter einfetten. Die Erdnüsse im Standmixer zu Mehl zerkleinern.

2 Die Butter in einem Topf erhitzen. Die Kondensmilch hinzufügen, dann die Erdnüsse, dabei stetig rühren. Die Masse soll nicht kochen! Wenn der Topfboden beim Rühren für kurze Zeit sichtbar bleibt (man sagt, eine Straße bildet), ist die Brigadeiro-Masse fertig (das ist nach ca. 10 Minuten der Fall). Auf den Rost bzw. den Teller geben, auskühlen lassen. Vorsicht, die frische Masse ist extrem heiß!

3 Mit gebutterten Händen aus der Masse Pralinen als *Caju,* also wie Cashewäpfel (siehe TIPP), formen. In Zucker wälzen und mit jeweils einer Erdnuss dekorieren.

ZDF Fernsehgarten

**TIPP** *Caju* oder *Kaschu* heißen in Brasilien die Bäume, an denen die uns bekannten Cashewkerne wachsen. Sie sind Teil des Kaschuapfels, einer sogenannten Scheinfrucht, die hier aus der Erdnussmasse geformt wird.

# Dulce de leche

## Zutaten

für ca. 3 Gläser à 250 ml

1 l Vollmilch ▮ 200 g Sahne ▮ 400 g brauner Zucker ▮ Mark von 1 Vanilleschote

1 Alle Zutaten bis auf die Vanilleschote in einen großen, möglichst auch hohen Topf geben und langsam erhitzen, bis der Zucker vollkommen gelöst ist. Die Flüssigkeit zum Kochen bringen und ca. 40 Minuten bei mittlerer bis großer Hitze kochen lassen, dabei regelmäßig umrühren. Wenn die Milch droht überzukochen, die Hitze ein wenig reduzieren. Falls sich nach einiger Zeit eine Haut auf der Milch bildet, durch ein Sieb in einen anderen Topf umfüllen und weiterkochen. Gegen Ende der Kochzeit wird die Milch-Zucker-Mischung cremiger und bekommt eine karamellartige Farbe.

2 Vanillemark dazugeben, die Hitze etwas reduzieren. Ständig rühren und so lange weiterkochen, bis die Mischung die Konsistenz einer streichfähigen Paste aufweist. Heiß abfüllen, sofort verschließen. Im Kühlschrank aufbewahren, angebrochene Creme zügig aufbrauchen. Sehr lecker als süßer Brotaufstrich und auch eingerührt in Joghurt oder als Topping von Küchlein oder Eis.

## Dulce de leche – schnelle Version

Schneller geht's mit gezuckerter Kondensmilch: Die ungeöffnete Dose (400 g) in einen Topf geben, komplett mit Wasser bedecken und ca. 2½ Stunden leicht köcheln lassen. Verdunstetes Wasser immer wieder mit heißem Wasser auffüllen. Nach dem Auskühlen ist die Dulce de leche fertig. Im Schnellkochtopf dauert das Ganze nur etwa 30 Minuten. Wer die Creme gerne mag, kocht am besten so viele Dosen, wie in den Topf passen. Die geschlossenen Dosen halten sich mindestens 3 Monate. Nach Anbruch kühl lagern und bald aufbrauchen.

# Selbst gemachte Schokolade

## Zutaten

**für ca. 15 Schokoladentaler**

90 g Kakaobutter ▮ 45 g gemahlene Kakaobohnen (roh oder geröstet) ▮ 40 g Kakaopulver ▮ ¼ TL gemahlene Vanille ▮ 1 Prise Salz ▮ ca. 60 g Agavendicksaft (nach Belieben mehr oder weniger) ▮ Blüten, Nüsse, Kokosraspel, Gewürze, getrocknete Früchte nach Belieben

1 Die Kakaobutter über einem Wasserbad sanft schmelzen. Aufpassen, dass kein Wasser in die Kakaobutter gelangt. Kakaobohnen, Kakaopulver, Vanille, Salz und Agavendicksaft in einer Metallschüssel vermischen. Die geschmolzene Kakaobutter hinzufügen und zügig unterrühren. Wenn die Masse zu fest wird, die Schüssel noch mal kurz ins Wasserbad stellen.

2 Ein Backblech mit Backpapier auslegen. Mit einem Esslöffel Taler darauf streichen, nach Wunsch mit Blüten, Nüssen, Gewürzen etc. verzieren. Kurz in den Kühlschrank stellen und aushärten lassen. Alternativ die Schokolade in Formen gießen, ebenfalls nach Wunsch verzieren, erkalten lassen und hübsch verpacken.

Fernseh ZDF garten

**TIPPS** Sie können auch ganze oder in dünne Scheiben geschnittene frische Früchte in die Schokolade tauchen und auf Backpapier oder Alufolie erkalten lassen.

Die fertige Schokolade ist zum sofortigen Verzehr gedacht, hält sich aber im Kühlschrank gut 2 Wochen.

# Mandelkaramell mit Curry

## Zutaten

für eine Form von ca. 24 x 24 cm

50 g Mandelblättchen ▮ 200 g Sahne ▮ 250 g Zucker ▮ 1 EL Honig ▮ 1/4 TL gemahlene Vanille ▮ 100 g weiße Kuvertüre ▮ 1 geh. TL Curry

1 Eine Form mit Backpapier auslegen. Die Mandelblättchen in einer beschichteten Pfanne ohne Öl goldbraun rösten. In der mit Backpapier ausgelegten Form gleichmäßig verteilen.

2 Sahne, Zucker, Honig und Vanille in einen Topf geben. Alles so lange mit einem Silikonschaber stetig rühren, bis die Masse karamellisiert und eine schöne goldene Farbe bekommt. Den fertigen Karamell gleichmäßig auf die Mandelblättchen gießen und ganz auskühlen lassen.

3 Die Kuvertüre im Wasserbad schmelzen. Backpapier auf einer freien Fläche auslegen. Die Karamellplatte in kleine Stücke brechen. Sollte der Karamell zu weich geraten sein, für einige Minuten ins Tiefkühlfach geben, dann fortfahren. Die Karamellstücke mit einer Seite in die flüssige Kuvertüre tauchen und auf das Backpapier legen. Sofort eine Prise Curry auf die Schokolade streuen und erkalten lassen.

# Orangen-Schokoladen-Trüffel

## Zutaten

**für ca. 30 Stück**

150 g Sahne ▮ 200 g Zartbitterkuvertüre ▮ 1 EL Agavendicksaft ▮ 40 g Butter ▮ Abrieb von 1 Bio-Orange ▮ 1 Prise Fleur de Sel ▮ Kakaopulver oder grob gemahlene Kakaobohnen zum Wälzen

**Außerdem:**
Etwa 30 kleine Papierförmchen

1 Die Sahne in einem Topf stark erwärmen. Die Kuvertüre hacken, in eine Schüssel geben und mit der erhitzten Sahne aufgießen. Die Masse von der Mitte heraus rühren, bis die Kuvertüre geschmolzen ist. Falls das nicht vollständig gelingt, über dem Wasserbad weiterarbeiten.

2 Agavendicksaft, Butter und Orangenabrieb mit dem Salz untermischen. Alles zu einer geschmeidigen Creme verarbeiten. Kühl (nicht im Kühlschrank) über Nacht stehen lassen.

3 Am nächsten Tag die Masse kurz aufschlagen und kleine Pralinen abstechen, rund formen und in Kakaopulver oder grob gemahlenen Kakaobohnen wälzen. In kleine Papierförmchen setzen und wieder kühl stellen.

# Fensterplätzchen

## Zutaten

**für ca. 15 Stück**

100 g Butter ▮ 80 g Zucker ▮ 1 Ei und 1 Eigelb ▮ 250 g Mehl ▮ ¼ TL Backpulver ▮ ausgepackte, farbige Fruchtbonbons ohne Füllung

**Außerdem:**
Diverse große Ausstechformen, z. B. Sterne oder Herzen ▮ 1 kleine Ausstechform

1 Butter und Zucker in einer Rührschüssel cremig rühren. Ei und Eigelb unterkneten. Mehl und Backpulver dazusieben und einen geschmeidigen Teig aus den Zutaten kneten. Den Teig in Frischhaltefolie einwickeln und mindestens 30 Minuten, besser 2 Stunden im Kühlschrank ruhen lassen.

2 Den Backofen auf 175 °C vorheizen und ein Backblech mit Backpapier auslegen. Den Teig auf einer bemehlten Arbeitsfläche dünn ausrollen (ca. ½ cm) und mit Ausstechformen nach Wahl Plätzchen ausstechen. In der Mitte mit einer kleineren Form ein Fenster ausstechen. Die Plätzchen auf das vorbereitete Backblech legen. In jedes Fenster ein Bonbon geben und die Plätzchen im vorgeheizten Backofen ca. 12–15 Minuten goldbraun backen. Die Bonbonmasse schmilzt im Ofen, ganz bestimmt!

3 Die Plätzchen auf dem Blech komplett auskühlen lassen, dann erst vorsichtig mit einem Backspatel herunterheben.

**TIPP** Möchte man die Plätzchen als Fenster- oder Baum-Deko aufhängen, vor dem Backen unbedingt ein Loch einstechen für den Faden.

# Karamellkonfekt

## mit Schokolade, Haselnüssen und Fleur de Sel

### Zutaten

**für eine Platte von ca. 23 × 30 cm**

50 g Haselnüsse ▮ 100 g Zartbitterkuvertüre ▮ 100 g Butter ▮ 1 Dose gezuckerte Kondensmilch (ca. 400 g) ▮ 150 g brauner Zucker ▮ 1/4 TL gemahlene Vanille ▮ 1/4 TL Fleur de Sel ▮ ggf. Öl zum Einfetten

1 Ein warmes Wasserbad aufsetzen. Die Haselnüsse grob hacken und in einer beschichteten Pfanne ohne Fett rösten, beiseitestellen. Die Kuvertüre über dem Wasserbad schmelzen und bereithalten. Eine eckige Form mit Backpapier auslegen oder einen Backrahmen einölen und auf ein mit Backpapier ausgelegtes Backblech setzen.

2 Die Butter mit der Kondensmilch, dem Zucker und der Vanille in einen Topf geben, langsam unter Rühren erhitzen. Wenn sich der Zucker gelöst hat, die Masse zum Kochen bringen. Stetig mit einem Holzlöffel oder Silikonschaber rühren, die Masse brennt sehr schnell an! Das Karamell ist nach ca. 10 Minuten fertig, wenn es deutlich an Farbe gewonnen hat und zähflüssig wird.

3 Die Masse in die vorbereitete Form geben und mit einer Palette oder einem Tortenheber aus Edelstahl glatt streichen. Sofort die Kuvertüre aufstreichen, die gehackten Haselnüsse gleichmäßig darauf verteilen und das Fleur de Sel darüberstreuen. Vollständig erkalten lassen und in kleine Quadrate schneiden.

# Eierlikör

## Zutaten

**für 4 weithalsige Flaschen à 250 ml**

8 frische Eigelb ▮ 1 EL Vanillezucker ▮
250 g Puderzucker ▮ 375 ml Kondensmilch ▮
250 ml Rum 54 %
oder Doppelkorn oder Wodka

1 Ein heißes Wasserbad aufsetzen. In einer Metallschüssel die Eigelbe und den Vanillezucker mit einem Schneebesen verrühren. Den Puderzucker unterrühren und die Kondensmilch einrühren. Alles gründlich ohne Schaumbildung vermischen. Langsam den Rum oder anderen Alkohol unterrühren.

2 Die Masse über dem Wasserbad erhitzen, die Temperatur sollte ca. 60 °C haben. So lange rühren, bis sie dickflüssig und sämig wird, sie darf jedoch auf keinen Fall kochen (sonst gerinnt das Ei und die Masse wird zu fest, wie ein Pudding). Hat der Eierlikör die richtige Konsistenz erreicht, sofort mithilfe eines Trichters in breithalsige Flaschen abfüllen.

Fernseh garten

**TIPPS** Der Eierlikör dickt beim Abkühlen noch ein, daher sind Flaschen mit weiter Öffnung von Vorteil, weil man auch mit einem Löffel hineinkommt. Eierlikörreste in der Flasche mit etwas Orangensaft aufmischen, nach Belieben Eiswürfel dazugeben und als »Blonden Engel« genießen.

*Wohin mit dem Eiweiß?*
Eine Möglichkeit ist Einfrieren. Oder Sie backen Baisers oder Meringues, die sich in luftdicht verschlossenen Behältern gut aufbewahren und für verschiedene Desserts verwenden lassen. Ebenfalls lecker: Obstkuchen mit Baiserschicht.

# Schwarze Nüsse

## Zutaten

**für 5–6 Gläser à 250 ml**

1 kg grün geerntete Walnüsse mit Schale (vor dem Johannistag am 24. Juni, dann ist die Nussschale innen noch weich!) ▮ 1 kg Zucker + 300 g Zucker für das Aufzuckern der Lösung ▮ Orangenschale in Streifen ▮ Muskatblüte ▮ Nelken

**Außerdem:**
1 Nadel zum Einstechen der Nussschalen

1 Beim Verarbeiten, am besten auch zum Pflücken Handschuhe tragen, denn die Gerbsäure der Nüsse geht nur schwer von den Händen ab. Die grünen Walnüsse mit einer Nadel mehrfach einstechen, Stielansätze abschneiden. In einen Eimer geben und mit Wasser bedecken. Das Wasser über mindestens 10 Tage hinweg täglich zwei Mal wechseln, um die Gerbsäure zu entziehen.

2 Die Nüsse in einem Topf mit frischem, kaltem Wasser aufsetzen und zum Kochen bringen. 10 Minuten kochen lassen, dann abgießen. Die Nüsse in ein Glasgefäß umschichten. Aus 250 ml Wasser, 1 kg Zucker und den Gewürzen eine Zuckerlösung kochen, heiß über die Nüsse gießen.

3 Am nächsten Tag die Zuckerlösung durch ein Sieb in einen Topf abgießen, mit weiteren 100 g Zucker aufkochen und wieder heiß über die Nüsse geben, am dritten und vierten Tag genauso verfahren. Am vierten Tag die Gewürze entfernen und die Zuckerlösung mit den Nüssen zusammen noch einmal aufkochen. Nüsse und Zuckerlösung heiß in Vorratsgläser abfüllen. Sofort verschließen und mindestens bis zum Advent reifen lassen. Die schwarzen Nüsse sind nahezu unbegrenzt haltbar und gewinnen mit jedem Monat an Reife und Geschmack.

# Exotischer Rumtopf

## Zutaten

**für 1 Rumtopf**

½ reife, aber feste Ananas ▮ 500 g festfleischige Aprikosen ▮ 500 g Pfirsich ▮ 500 g Kiwis ▮ 500 g kleine Erdbeeren ▮ 10 Kumquats ▮ 1 Bio-Zitrone ▮ ca. 1 kg Rohrohrzucker ▮ Gewürze nach Wahl (Vanille, Zimt, Kardamom, Pfeffer, Nelken …) ▮ ca. 2 l weißer Rum

**Außerdem:**
1 Rumtopf/Glas à 5 l

1 Einen Rumtopf oder ein großes Glas heiß ausspülen und an der Luft trocknen lassen.

2 Die halbe Ananas schälen, vom Strunk befreien und in mundgerechte Stücke schneiden. Die Aprikosen waschen, abtrocknen und achteln, die Steine entfernen. Die Pfirsiche kreuzweise einritzen und mit heißem Wasser überbrühen. Die Haut vorsichtig abziehen. Achteln und entsteinen. Die Kiwis schälen, eventuell den harten Strunk entfernen und das Fruchtfleisch in 6–8 Stücke teilen. Die Erdbeeren waschen, trockentupfen und putzen. Die Kumquats waschen, abtrocknen und entstielen. In ½ cm dicke Scheiben schneiden, dabei die grünen Kerne entfernen. Alle Obstsorten in das vorbereitete Gefäß füllen.

3 Die Zitrone auspressen und den Saft über die Früchte geben. Wer einen kräftigen Zitrusgeschmack mag, schneidet eine ausgepresste Zitronenhälfte in drei Stücke und gibt sie mit dazu. Alles mit dem Rohrzucker bedecken und am besten im Kühlschrank über Nacht Saft ziehen lassen.

4 Am nächsten Tag die Gewürze hinzufügen und das Fruchtgemisch randvoll mit Rum bedecken und verschließen. An einem kühlen, dunklen Ort für 6 Wochen reifen lassen (Glasgefäß, falls verwendet, mit Alufolie umwickeln). Eventuellen Flüssigkeitsverlust immer wieder ausgleichen und frischen Rum angießen. Regelmäßig kontrollieren, ob alle Früchte vollständig bedeckt sind.

## Brutto-/Netto-Gewicht verschiedener Obstsorten

**(ungeputzt/geputzt)**

Für 1 Kilogramm fertig geputztes Obst (geschält, entkernt etc.) bzw. für 1 Liter Saft/Fruchtmus brauche ich etwa:

| | |
|---|---|
| Ananas | 1900 g |
| Äpfel (für klares Gelee) | 1800 g |
| Äpfel (für Marmelade, Chutney etc.) | 1300 g |
| Aprikosen | 1200 g |
| Bananen | 1500 g |
| Brombeeren (für passiertes Mus) | 1300 g |
| Erdbeeren | 1200 g |
| Hagebutten (für passiertes Mus) | 1400 g |
| Johannisbeeren (für klares Gelee) | 1800 g |
| Johannisbeeren (für Marmelade, Chutney etc.) | 1200 g |
| Mango | 1500 g |
| Mirabellen | 1200 g |
| Orangen (für Saft) | 1500 g |
| Pfirsiche | 1200 g |
| Pflaumen | 1200 g |
| Rhabarber | 1300 g |
| Sauerkirschen | 1300 g |
| Tomaten | 1200 g |

# Bezugsadressen

**chocqlate.com**
Hier bekommt man unter anderem die Starter-Sets zum Selbermachen von Schokolade.

**feineszumleben.de**
Hier findet man das Senf-Starter-Set und ausgewählte Produkte aus dem Buch.

**www.flaschenbauer.de**
Hier erhält man Gläser und Flaschen in allen Formen und Größen.

**gläserundflaschen.de**
Hier gibt es das Pektin, das in den Rezepten verwendet wird, sowie eine umfangreiche Auswahl an Gläsern.

**madavanilla.de**
Hier gibt es die Vanille in allen Varianten: als ganze Schote in verschiedenen Qualitäten, gemahlen, als Paste … Und noch viele Gewürze mehr! Senfkörner und Curry finden Sie hier ebenfalls.

**weck.de**
Hier im Shop gibt es die bekannten Einmachgläser in allen Größen.

Pektin bekommt man meist im Reformhaus vor Ort, manchmal auch im Bio-Laden.

# Rezept- und Stichwortverzeichnis

*(Stichworte sind kursiv gesetzt)*

## Über die Autorin

Modedesignerin, Marmeladenqueen, Produktentwicklerin, Genussvermittlerin, Expertin für Feines und Süßes im ZDF und jetzt auch Autorin. Diese Vielseitigkeit beschreibt **Jeanette Marquis** als ihre Stärke. Und ihre Antriebsmotive heißen Spaß am Ausprobieren, Lust auf Saisonküche, Altbewährtes wiederbeleben und eigene Ideen verwirklichen. In der Genussmanufaktur »Feines zum Leben« werden handgemachte Marmeladen, Chutneys und Senf hergestellt. Am liebsten mit Zutaten aus der Region und selbst gepflückt. Weitere Infos unter www.feineszumleben.de und www.jeanettemarquis.de

## Über die Fotografin

**Tanja Bischof** ist gelernte Köchin mit Erfahrung aus Sterne- und Gourmetküchen. Seit 1994 hat sie sich auf Foodfotografie & Foodstyling für Kochbücher, Foodmagazine und Werbung spezialisiert.

## Impressum

**Bibliografische Information der Deutschen Nationalbibliothek**

Die Deutsche Nationalbibliothek verzeichnet diese Publikation in der Deutschen Nationalbibliografie; detaillierte bibliografische Daten sind im Internet über http://dnb.d-nb.de abrufbar.

BLV Buchverlag GmbH & Co. KG
80636 München



www.facebook.com/blvVerlag

Bildnachweis: Alle Fotos von Tanja Bischof MAJOR FOOD & PHOTO, außer: S. 127 oben Peter Bender (J. Marquis), S. 127 unten Melanie Flemme (Tanja Bischof)

Grafiken: Fotolia/carlacdesign (Obst)

Umschlagfotos:
Vorderseite: Tanja Bischof
Rückseite: Peter Bender (J. Marquis)

Lektorat: Stella Rahn
Herstellung: Angelika Tröger
Layoutkonzept Innenteil: griesbeckdesign, Dorothee Griesbeck, München
DTP: Karin Schmid, Baldham

Gedruckt auf chlorfrei gebleichtem Papier

Printed in Germany
ISBN 978-3-8354-1407-5

**Hinweis**
Das vorliegende Buch wurde sorgfältig erarbeitet. Dennoch erfolgen alle Angaben ohne Gewähr. Weder Autorin noch Verlag können für eventuelle Nachteile oder Schäden, die aus den im Buch vorgestellten Informationen resultieren, eine Haftung übernehmen.